"一带一路"沿线国家政府债务研究

鲍洋 ◎ 著

中国社会科学出版社

图书在版编目（CIP）数据

"一带一路"沿线国家政府债务研究/鲍洋著.—北京：中国社会科学出版社，2021.12
ISBN 978-7-5203-8600-5

Ⅰ.①一… Ⅱ.①鲍… Ⅲ.①公债—财政管理—研究—世界 Ⅳ.①F811.5

中国版本图书馆 CIP 数据核字（2021）第 112428 号

出 版 人	赵剑英
责任编辑	戴玉龙
责任校对	周晓东
责任印制	王 超
出　　版	中国社会科学出版社
社　　址	北京鼓楼西大街甲 158 号
邮　　编	100720
网　　址	http：//www.csspw.cn
发 行 部	010-84083685
门 市 部	010-84029450
经　　销	新华书店及其他书店
印　　刷	北京明恒达印务有限公司
装　　订	廊坊市广阳区广增装订厂
版　　次	2021 年 12 月第 1 版
印　　次	2021 年 12 月第 1 次印刷
开　　本	710×1000　1/16
印　　张	12.5
插　　页	2
字　　数	181 千字
定　　价	89.00 元

凡购买中国社会科学出版社图书，如有质量问题请与本社营销中心联系调换
电话：010-84083683
版权所有　侵权必究

前　言

资金融通作为"一带一路"倡议的五通之一，是"一带一路"建设的重要支撑。在推动"一带一路"建设中，如何提高沿线国家债务可持续性，促进可持续性融资，是各方持续关注的焦点之一。2019年4月，习近平总书记在"一带一路"高峰合作论坛上指出，共建"一带一路"顺应了经济全球化的历史潮流，顺应了全球治理体系变革的时代要求。商品、资金、技术、人员流通，可以为经济增长提供强劲的动力和广阔的空间。中国制定了《"一带一路"融资指导原则》，发布了《"一带一路"债务可持续性分析框架》，为共建"一带一路"融资合作提供指南。

"一带一路"倡议旨在通过推进政策沟通、设施联通、贸易畅通、资金融通、民心相通，做大发展公约数，最终实现互利共赢、共同发展。我国在债务可持续性问题上始终坚持积极和开放的态度，高度重视"一带一路"低收入国家实际国情和发展需求，致力于提高"一带一路"参与各方投融资决策科学性，加强有关国家债务管理能力，推动建设长期、稳定、可持续、风险可控的融资体系，实现"一带一路"建设融资安排支持可持续性、包容性增长。

然而，有些西方国家对"一带一路"倡议多有质疑和意识形态攻击。自2017年年底以来，西方国家政客和主流媒体炮制或炒作所谓"债务陷阱""债务殖民"等议题，对"一带一路"建设加以抹黑攻击，对我国负责任的大国形象和"一带一路"建设的顺利推进造成了一定的负面影响。

通过加强债务与风险管理，有力地驳斥"债务陷阱论"，拓宽

"一带一路"建设投融资渠道，有序推进重大基础设施建设项目，是促进沿线国家深入对接"一带一路"，共享发展成果的迫切需要；也是转变西方国家对"一带一路"建设的错误认识，纠正舆论导向偏差的客观要求；更是树立中国负责任的大国形象，推动中国对外投资合作高质量发展的必然选择。因此，关于"一带一路"沿线国家债务现状，"债务陷阱论"的兴起、成因与实质，防范和化解债务风险的国际经验，如何加强"一带一路"建设债务与风险管理，都是迫切需要研究的重点问题。

本书研究"一带一路"沿线国家政府债务相关问题，有助于掌握沿线国家政府债务发展现状及风险；有助于厘清所谓"债务陷阱论"的逻辑谬误；有助于通过梳理和回顾其他国家或者组织应对债务危机的经验做法，获得有益的借鉴与启示；有助于共同提升中国和沿线国家的债务和风险管理能力；有助于实现"一带一路"债务领域合作的规范化、机制化、实体化，加快形成"一带一路"沿线国家更广泛的制度安排。为了取得这些研究意义和效果，本书从如下六个部分展开了相关研究。

第一部分为政府债务相关理论和文献综述。此部分剖析了政府债务经典理论，阐述了与本书主题相关的重要概念和关键指标，并从政府债务影响因素、政府债务风险、"一带一路"倡议与沿线国家政府债务三个方面对其相关文献进行了梳理和回顾。以上内容有助于为读者理解全书主要观点和了解现实情况提供支撑。

第二部分为"一带一路"沿线国家政府债务发展现状。首先，此部分运用国家层面数据和统计分析方法，从政府债务规模、外债规模、政府债务结构、政府偿债能力等方面，系统分析了"一带一路"沿线国家政府债务的发展水平；其次，此部分根据标准普尔、穆迪、惠誉和大公国际四大评级机构的信用评级结果，剖析了"一带一路"沿线国家主权信用评级状况及特征。此部分内容对本书研究具体领域问题提供了框架性和因素性的铺垫。

第三部分为"债务陷阱论"的兴起、实质与应对。此部分通过回顾"债务陷阱论"产生与传播的发展历程，深刻剖析了"债务陷阱论"兴起的成因和对"一带一路"建设的破坏性影响，并提出了有力驳斥"债务陷阱论"的依据，最后从持续高度重视"一带一路"项目债务可持续，优化对外援助制度和债务免除制度，提高沿线国家和第三国参与"一带一路"建设的积极性，打造深层次、全方位的风险保障体系和降低"一带一路"建设对中国资金依赖度等方面提出应对之策。

第四部分为发展中国家应对债务问题的比较与启示。此部分从特征、成因、治理方案和影响四个方面，系统分析了20世纪80年代拉丁美洲国家债务危机、1997年亚洲金融危机期间发展中国家债务问题和2008年国际金融危机期间发展中国家债务问题。"一带一路"沿线国家多为发展中国家，通过梳理和回顾发展中国家债务问题的成因与治理方案，有助于为"一带一路"建设各参与国调整债务政策，防范债务风险提供参考和依据。

第五部分为巴黎俱乐部债务重组的经验与启示。此部分在论述巴黎俱乐部的债务重组规则和基本原则、债券规模和主要债务国构成、债务处理的特征与不足、对债务国经济影响的基础上，从加快设立"一带一路"沿线国家广泛参与的债务管理机构、合作建立事前预防与事后化解相结合的债务管理机制、加快建立"一带一路"债务重组基金和建立健全沿线国家债务风险化解的动态调整机制等方面提出完善"一带一路"建设债务管理的重点方向和领域。

第六部分为加强"一带一路"建设债务和风险管理的对策建议。此部分着重从持续深化"一带一路"沿线国家债务管理与合作共识、建立健全"一带一路"沿线国家共同遵循的债务管理规则、促进"一带一路"沿线国家债务和风险管理能力共同提升、兼顾中国企业对外投资合作有序推进与沿线国家债务可持续性四个方面，对加强"一带一路"建设债务与风险管理，提出了有针对性的对策建议。

以上研究内容贯穿以下四个逻辑视角：一是理论支撑视角。本书阐述了政府债务理论的演进历程、界定了关键概念和指标，梳理和回顾了国内外现有文献，为深入研究"一带一路"沿线国家债务问题提供了理论铺垫和支撑。二是比较研究视角。本书运用定量分析方法，从债务规模、债务结构和偿债能力等方面，对"一带一路"沿线国家与非沿线国家、沿线国家之间债务发展状况进行了比较研究，为准确评估"一带一路"沿线国家政府债务发展现状提供了依据。三是经验借鉴视角。本书分析了历史上三次危机中发展中国家应对债务问题的对策，以及巴黎俱乐部债务管理的特征与不足，为"一带一路"沿线国家加强债务与风险管理提供了有益的借鉴与启示。四是国际合作视角。本书分析了"一带一路"沿线国家政府债务发展现状，有力地驳斥了"债务陷阱论"，并给出了通过开展国际合作，加强"一带一路"债务与风险管理的对策建议。

本书对加强"一带一路"建设债务与风险管理的具体建议聚焦在以下方面：一是在债务管理与合作方面，持续深化落实"一带一路"沿线国家现有债务管理与合作共识，加强"一带一路"沿线国家债务与风险管理合作研究；二是在债务管理规则制定方面，合作建立"一带一路"沿线国家投资争端解决机制，加快建立"一带一路"沿线国家主权信用评级体系；三是在债务与风险管理能力方面，加大对"一带一路"沿线低收入国家技术援助与培训，推动建立"一带一路"沿线国家政府债务管理能力互助平台；四是在提高我国对外投资合作质量方面，加快建立考虑沿线国家债务可持续性的包容性合作机制，加快培育一批具有国际知名度和影响力的跨国公司，提升中国企业履行海外社会责任的意识和能力，加强企业境外经营合规体系建设。

希望各位读者通过本书更加深入地认识"一带一路"沿线国家债务发展现状，了解"债务陷阱论"兴起的成因与实质，并对中国企业在持续重视沿线国家债务可持续性的前提下开展对外投资合作，合作加强"一带一路"建设的债务与风险管理，提供有益的参考和启示。

在本书研究和撰写过程中，得到了东北财经大学经济与社会发展研究院硕士研究生吴宝安在资料收集、数据处理与文字编辑等方面的大力支持。同时，本书也得到了中国社会科学出版社戴玉龙编辑的帮助指导，在此一并致谢！限于时间和学识所限，书中错漏之处在所难免，敬请各位读者不吝批评指正。

鲍洋

目　录

第一章　政府债务相关理论和文献综述 ························· 1

第一节　政府债务相关理论 ································· 1
一　古典经济学派的政府债务理论 ······················· 1
二　凯恩斯学派的政府债务理论 ························· 3
三　公共选择学派的政府债务理论 ······················· 5
四　简要评述 ·· 5

第二节　政府债务概念界定 ································· 6

第三节　"一带一路"沿线国家债务问题相关研究 ············ 9
一　政府债务影响因素研究 ····························· 9
二　政府债务风险研究 ································ 10
三　"一带一路"倡议与沿线国家政府债务研究 ······ 11
四　简要评价 ·· 14

第二章　"一带一路"沿线国家政府债务发展现状 ············ 15

第一节　"一带一路"沿线国家政府债务水平 ············· 15
一　政府债务规模 ···································· 16
二　外债规模 ·· 18

第二节　"一带一路"沿线国家政府债务结构 ············· 23

第三节　"一带一路"沿线国家偿债能力 ················· 25
一　外债偿债率 ······································ 25
二　外汇储备占外债余额比重 ·························· 26

第四节 "一带一路"沿线国家主权信用评级⋯⋯⋯⋯ 29
 一 "一带一路"沿线国家主权信用评级：
  标准普尔⋯⋯⋯⋯⋯⋯⋯⋯⋯⋯⋯⋯⋯⋯⋯⋯ 29
 二 "一带一路"沿线国家主权信用评级：穆迪⋯⋯ 29
 三 "一带一路"沿线国家主权信用评级：惠誉⋯⋯ 30
 四 "一带一路"沿线国家主权信用评级：
  大公国际⋯⋯⋯⋯⋯⋯⋯⋯⋯⋯⋯⋯⋯⋯⋯⋯ 30
 五 "一带一路"沿线国家主权信用评级结果分析⋯⋯ 31

第三章 "债务陷阱论"的兴起、实质及应对⋯⋯⋯⋯⋯⋯ 35

第一节 "债务陷阱论"的产生与传播⋯⋯⋯⋯⋯⋯⋯⋯ 35
 一 "债务陷阱论"的兴起⋯⋯⋯⋯⋯⋯⋯⋯⋯⋯ 35
 二 "债务陷阱论"的蔓延⋯⋯⋯⋯⋯⋯⋯⋯⋯⋯ 37
第二节 "债务陷阱论"兴起的成因⋯⋯⋯⋯⋯⋯⋯⋯⋯ 39
 一 西方国家巩固自身在全球治理体系中的
  主导地位⋯⋯⋯⋯⋯⋯⋯⋯⋯⋯⋯⋯⋯⋯⋯⋯ 39
 二 个别沿线国家历史债务负担较重⋯⋯⋯⋯⋯⋯ 40
 三 国际话语权"西强我弱"格局助推不实舆论
  大肆传播⋯⋯⋯⋯⋯⋯⋯⋯⋯⋯⋯⋯⋯⋯⋯⋯ 42
第三节 "债务陷阱论"对"一带一路"建设的
  破坏性影响⋯⋯⋯⋯⋯⋯⋯⋯⋯⋯⋯⋯⋯⋯⋯⋯ 43
 一 部分大型基础设施项目被暂缓或者重新
  作出规划⋯⋯⋯⋯⋯⋯⋯⋯⋯⋯⋯⋯⋯⋯⋯⋯ 43
 二 造成中国对东南亚地区的投资合作锐减⋯⋯⋯ 44
 三 以债务问题为攻击点，阻挠"一带一路"
  建设深入推进⋯⋯⋯⋯⋯⋯⋯⋯⋯⋯⋯⋯⋯⋯ 45
第四节 "一带一路"并非"债务陷阱"的依据⋯⋯⋯⋯ 46
 一 "一带一路"建设有助于弥补沿线国家基础
  设施建设资金缺口⋯⋯⋯⋯⋯⋯⋯⋯⋯⋯⋯⋯ 46

二　"一带一路"建设有助于推动沿线国家经济
　　　　发展 …………………………………………… 49
　　三　大多数沿线国家政府债务具有可持续性 ………… 51
　　四　中国并非高债务风险沿线国家的主要债权人 …… 52
第五节　"债务陷阱论"的应对之策 …………………………… 53
　　一　持续高度重视"一带一路"项目债务可持续性 …… 53
　　二　优化对外援助制度和债务免除制度 ……………… 53
　　三　提高沿线国家和第三国参与"一带一路"
　　　　建设积极性 …………………………………… 54
　　四　打造深层次、全方位的风险保障体系 ……………… 55
　　五　降低"一带一路"建设对中国资金的依赖度 ……… 56

第四章　发展中国家应对债务问题的比较与启示 ……………… 57
　第一节　20世纪80年代拉丁美洲国家债务危机 ……………… 57
　　一　20世纪80年代拉美国家债务危机的特征 ………… 58
　　二　20世纪80年代拉美国家债务危机的成因 ………… 62
　　三　20世纪80年代拉美国家债务危机的治理方案 …… 64
　　四　20世纪80年代拉美国家债务危机的影响 ………… 65
　第二节　1997年亚洲金融危机期间发展中国家债务问题 …… 67
　　一　1997年亚洲金融危机的特征 ……………………… 67
　　二　1997年亚洲金融危机的成因 ……………………… 68
　　三　1997年亚洲金融危机的治理方案 ………………… 69
　　四　1997年亚洲金融危机的影响 ……………………… 71
　第三节　2008年国际金融危机期间发展中国家债务问题 …… 73
　　一　2008年国际金融危机的特征 ……………………… 73
　　二　2008年国际金融危机的成因 ……………………… 74
　　三　2008年国际金融危机的治理方案 ………………… 75
　　四　2008年国际金融危机的影响 ……………………… 81
　第四节　三次危机对沿线国家应对债务问题的启示 ………… 82

第五章 巴黎俱乐部债务重组的经验与启示 …………………… 84

第一节 巴黎俱乐部概况 ………………………………………… 84
第二节 巴黎俱乐部的债务重组规则和基本原则 ……………… 86
    一 巴黎俱乐部的债务重组规则 ………………………… 86
    二 巴黎俱乐部的六项基本原则 ………………………… 88
第三节 巴黎俱乐部的债权规模及主要债务国构成 …………… 89
    一 巴黎俱乐部的债权规模 ……………………………… 89
    二 巴黎俱乐部的主要债务国构成 ……………………… 90
第四节 巴黎俱乐部债务管理的特征与不足 …………………… 92
    一 巴黎俱乐部债务管理的特征分析 …………………… 92
    二 巴黎俱乐部债务管理的不足分析 …………………… 93
第五节 巴黎俱乐部对债务国经济影响 ………………………… 94
    一 债务重组有助于缓解债务国的偿债压力 …………… 94
    二 影响债务国宏观经济政策尤其是外债政策制定 …… 95
第六节 借鉴与启示 ……………………………………………… 96
    一 加快设立以中国为主导,"一带一路"沿线国家
       广泛参与的债务管理机构 …………………………… 96
    二 合作建立事前预防与事后化解相结合的债务
       管理机制 ……………………………………………… 97
    三 加快设立"一带一路"债务重组基金,推动针对
       沿线国家的差异化债务合作安排 …………………… 98
    四 建立健全沿线国家债务管理的动态调整机制 ……… 98

第六章 加强"一带一路"建设债务和风险管理的对策建议 …… 100

第一节 持续深化"一带一路"沿线国家债务管理与
       合作共识 ………………………………………………… 100
    一 落实"一带一路"沿线国家现有债务管理和
       合作共识 ……………………………………………… 100

二　加强"一带一路"沿线国家债务与风险管理
　　　　合作研究 …………………………………… 101
第二节　建立健全"一带一路"沿线国家共同遵循的
　　　　债务管理规则 ………………………………… 102
　　一　合作建立"一带一路"沿线国家投资争端
　　　　解决机制 …………………………………… 102
　　二　加快建立"一带一路"沿线国家主权信用
　　　　评级体系 …………………………………… 103
第三节　促进"一带一路"沿线国家债务和风险管理
　　　　能力共同提升 ………………………………… 104
　　一　加大对"一带一路"沿线低收入国家技术
　　　　援助与培训 ………………………………… 104
　　二　推动建立"一带一路"沿线国家政府债务管理能力
　　　　互助平台 …………………………………… 105
第四节　兼顾中国企业对外投资合作有序推进与沿线国家
　　　　政府债务可持续性 …………………………… 106
　　一　加快建立考虑沿线国家债务可持续性的包容性
　　　　合作机制 …………………………………… 106
　　二　加快培育一批具有国际知名度和影响力的
　　　　跨国公司 …………………………………… 107
　　三　提升中国企业履行海外社会责任的意识和能力 …… 108
　　四　加强企业境外经营合规体系建设 ……………… 108

附　表 ……………………………………………………… 110

　　附表1　"一带一路"沿线国家中央政府债务占
　　　　　GDP比重 …………………………………… 110
　　附表2　非"一带一路"沿线国家中央政府债务占
　　　　　GDP比重 …………………………………… 114
　　附表3　2000—2018年"一带一路"沿线国家

	外债负债率 ·································	121
附表4	2000—2018年"一带一路"沿线国家	
	外债债务率 ·································	124
附表5	2000—2018年"一带一路"沿线国家短期外债	
	占外债余额的比重 ··························	126
附表6	2000—2018年"一带一路"沿线国家外汇储备与	
	外债余额比值 ·····························	128
附表7	"一带一路"沿线国家主权信用评级（本币）：	
	标准普尔评估有限公司 ······················	130
附表8	"一带一路"沿线国家主权信用评级（外币）：	
	标准普尔评估有限公司 ······················	131
附表9	标准普尔评级及界定标准 ·····················	133
附表10	"一带一路"沿线国家主权信用评级（本币）：	
	穆迪评级公司 ·····························	134
附表11	"一带一路"沿线国家主权信用评级（外币）：	
	穆迪评级公司 ·····························	136
附表12	穆迪评级及界定标准 ·························	138
附表13	"一带一路"沿线国家主权信用评级（本币）：	
	惠誉国际信用评级公司 ······················	139
附表14	"一带一路"沿线国家主权信用评级（外币）：	
	惠誉国际信用评级公司 ······················	140
附表15	惠誉评级及界定标准 ·························	142
附表16	"一带一路"沿线国家主权信用评级（本币）：	
	大公国际资信评估有限公司 ···················	143
附表17	"一带一路"沿线国家主权信用评级（外币）：	
	大公国际资信评估有限公司 ···················	144
附表18	大公国际评级及界定标准 ·····················	146
附表19	全球各类基础设施投资缺口测算 ···············	146
附表20	2019年"一带一路"沿线国家营商环境排名 ···	147

附表21 "一带一路"沿线国家外汇储备占GDP比重 … 150
附表22 "一带一路"沿线国家不良贷款率 …………… 152
附表23 "一带一路"沿线国家的公路、铁路和
　　　 港口投资 …………………………………… 155
附表24 中国与参与"一带一路"建设国家的部分
　　　 债务协定 …………………………………… 166
附表25 主要国际债务解决机制 …………………… 167
附表26 截至2019年巴黎俱乐部债务国构成 ……… 169
附表27 2008—2019年巴黎俱乐部债务国中"一带一路"
　　　 沿线国家构成 ……………………………… 173

参考文献 ……………………………………………… 177

第一章 政府债务相关理论和文献综述

政府债务理论为深入阐释和理解债务形成机理，全面提升并优化债务风险防控能力提供了重要支撑。为确保后续研究具有比较好的根基，在开展本书的论述与分析之前，有必要深度剖析政府债务理论演进历程，对与本书主题相关的概念和重点指标加以界定，并对相关文献进行系统梳理和回顾。

第一节 政府债务相关理论

一 古典经济学派的政府债务理论

（一）亚当·斯密的政府债务理论

古典经济学家亚当·斯密认为，除了为应对战争或者自然灾害等紧急状况，政府不应该存在预算赤字，债务的积累对国家而言是"有害的"，不利于一国获得财富增加或者经济繁荣。其原因在于，政府债务是非生产性的，政府举债行为将使本可以在私营经济中有效利用、具有生产性的资本被国家转移到非生产性领域。斯密在《国富论》中写道："一切举债国都趋于衰弱，首先采用这种方法的，似为意大利各共和国，热那亚及威尼斯，它们都因举债而衰弱"，"由举债而衰微而荒废的国家比比皆是"[①]。

亚当·斯密充分认识到了过度发行政府债务的危害，并明确将

---

① 亚当·斯密著：《国富论》，胡长明译，人民日报出版社2009年版。

政府债务划分为两种形式：一种是基于"预期"的债务，即债务是短期的，是根据政府预期收入合理规划的债务，在未来的一定时期内收入足够用于偿还债务本息；另一种是"永久性"的债务，即债务无法在"预期"内全部偿还，政府并不具备在未来一定时期内偿还债务本息的能力，而是只能定期支付债务利息。斯密强调，当政府债务规模超过一定范围以后，这些重债国通常倾向于选择拖欠债务甚至违约[①]。

（二）大卫·李嘉图的政府债务理论

古典经济学派另一位代表人物大卫·李嘉图对政府债务也持有否定态度，即债务对社会积累财富的能力具有负面影响。其认为，政府应该尽可能地限制公共开支，举债行为一方面导致生产性资本用于非生产性支出，另一方面也使人民不太重视节约问题。"假设战争经费是每年四千万镑，每人每年应为这笔战争经费捐纳一百镑。如果要求立即缴纳，那么人们将在收入中节约一百镑。然而，如果在举债的情况下，人们可能只需要缴纳一百镑的利息，并仅仅从支出中省下利息，而没有对自身的富足情况做出正确的判断。"[②]

也就是说，举债行为可能在一定程度上造成社会资本积累速度放缓，收入和税收收入也随之下降，若政府通过提高税率的方式来保障税收收入，可能造成进一步减缓资本积累，导致国家陷入困境。李嘉图认为，当发生战争等特殊情况时，从短期来看，通过税收或者举债来为公共支出筹资，其结果较为相似；但从长期来看，与税收相比，举债对社会资本积累能力的破坏程度更为严重[③]。其原因在于，如果提高对资本家或者高消费群体的征税，那么其往往倾向于降低消费或者其他不必要的开支，并可能在较短时间内减少

---

① 亚当·斯密著：《国富论》，胡长明译，人民日报出版社2009年版。
② 彼罗·斯拉法编：《李嘉图著作和通信集（第一卷）》，郭大力、王亚南译，商务印书馆1997年版。
③ Ricardo, D., *The Works and Correspondence of David Ricardo*, Cambridge University Press, 1951.

储蓄金额；但从中期来看，他们会努力补充储蓄来实现资本规模与税前相近。

（三）约翰·斯图亚特·穆勒的政府债务理论

约翰·斯图亚特·穆勒（John S. Mill）[①]认为，政府债务可被视为筹集战争经费或者其他非生产性支出的手段，但如果贷款中的资本是从生产的资金中提取的，则这一目的的转移相当于扣除劳动阶级的工资所得。

穆勒认为，政府债务是从一国资本中取出来的借款，因而必将使国家贫困。但他也提出如果以政府发行债务获得的资金实施大型财政支出计划时，即使是非生产性支出，也可能有助于增加国家的财富和资源，推动经济繁荣和发展。与古典经济学派的政府债务有害论相比，穆勒的政府债务理论更为辩证，其既传承了古典学派的政府债务思想，也提出了若存在过剩闲置资本，可以发行政府债务的观点。

综上所述，通过梳理总结古典经济学派代表性人物亚当·斯密和大卫·李嘉图的政府债务理论观点，可以看出，古典经济学派多为政府债务的悲观主义者，认为以举债的方式为公共支出筹集资金对一国的资本积累是有害的，对于没有生产力的政府公共支出，更为合适的资金筹集方式为征税。政府过度举债将影响私营部门的正常生产经营活动，甚至导致一国陷入债务危机。部分经济欠发达重债国的发展实践佐证了古典经济学派关于政府债务的理论观点。当然，回顾世界经济史，古典经济学派所认为的大规模债务危机鲜有发生，政府债务并不都是非生产性的，适度举债是弥补一国资金缺口的重要途径。

二 凯恩斯学派的政府债务理论

1929 年美国经济危机爆发以后，传统古典经济理论受到质疑和

[①] Mill, J. S., *Principles of Political Economy*, NJ: Augustus M. Kelley, Fairfield, 1848.

冲击，其既不能充分解释大萧条时期各种经济问题的成因，也无法形成有效应对策略。为此，各国政府积极干预市场经济，旨在尽快走出经济衰退、实现经济复苏。这一时期，凯恩斯的《就业、利息和货币通论》提出，有效需求不足是造成经济衰退、就业不足的根源。凯恩斯关于政府债务的认识也对古典经济学派的债务有害论形成了冲击，并肯定了适度举债的积极作用①。他认为，需要通过积极的财政政策来释放有效需求，进而实现充分就业，促进经济发展。积极财政政策的具体表现形式为扩大政府支出、减少税收，并可能随之产生财政赤字。与古典经济学派的政府债务有害论不同，凯恩斯认为适度举债对推动国民经济发展具有积极作用，他支持永久扩大公共部门，以维持充分就业并防止宏观经济波动。凯恩斯学派的兴起与发展是政府债务理论发展史上的一次重要变革，其为政府合理举债找到了理由和依据。

此后，阿尔文·汉森（Alvin Hansen）、阿巴·勒纳（Abba P. Lerner）等进一步继承和拓展了凯恩斯学派的政府债务理论。例如，阿尔文·汉森提出，政府债务对一国经济发展具有很多积极作用，如防止出现经济萧条，提高社会财富水平，推动教科文卫、资源和环保领域发展等②。阿巴·勒纳系统地研究了政府债务代际转移问题，并明确划分了内债和外债，认为内债不会给后代造成负担，合理运用内债具有提高一国国民收入的正向作用③。

综上所述，主流凯恩斯主义学派学者属于政府债务的乐观主义者，认为政府债务扩张有助于刺激经济增长并实现充分就业，并不会给后代带来负担，当公共债务无力偿还时，可以通过通货膨胀或者官方违约等方式来解决债务。

---

① Keynes, J. M., *The General Theory of Employment, Interest and Money*, London: Macmillan, 1936.

② Hansen, A. H., "Mr. Keynes on Underemployment Equilibrium", *Journal of Political Economy*, 1936, 44, pp. 667 – 686.

③ Lerner, A. R., *The Economics of Control: Principles of Welfare Economics*, London: Macmillan, 1944.

三 公共选择学派的政府债务理论

20世纪70年代，部分西方发达国家经济发展出现严重的滞胀，凯恩斯主义经济学家的权威性受到质疑，关于政府债务与经济发展两者之间的关系也引发了新的争辩。公共选择学派提出了一系列政府债务理论，其中最有代表性的是布坎南（James Buchanan）的政府债务理论。布坎南认为，作为政府扩大当期财政的重要手段之一，政府债务发行及其规模往往被某些既得利益集团掌握，并可能没有得到有效的外部监督。同时，若一国存在财政赤字，则政府债务可能难以按时还本付息，进而被动选择举借新债偿还旧债的方法来偿还本息，这种偿债方式也将造成当期公众税负加剧，并可能提高后代的税负水平，引发代际财富转移。尤其是当一国政府债务规模扩张过快时，可能引发债务危机甚至金融危机。

四 简要评述

一直以来，政府债务理论是学术界研究的重要课题之一。通过梳理和回顾政府债务理论的发展和演进历程，可以发现，其起源于18世纪的古典学派，亚当·斯密、大卫·李嘉图等的观点大多对政府债务持有否定态度。与古典学派不同的是，凯恩斯提出政府债务属于重要的宏观调控政策工具之一，有助于推动经济复苏和稳定就业，阿尔文·汉森、阿巴·勒纳等凯恩斯主义学派经济学家进一步推动了政府债务理论的深入发展。然而，随着西方发达国家举债规模的不断扩张并陷入经济滞胀，凯恩斯主义政府债务理论被质疑和挑战。与此同时，政府债务理论悲观主义者的公共选择学派影响力不断攀升。综上所述，自20世纪以来，全球或者区域性债务危机屡见不鲜，学术界对政府债务相关问题展开了深入的研究，并基于不同理论框架解释政府债务的产生与发展、风险与化解，不断推动政府债务理论在实践中发展。

第二节 政府债务概念界定

纵观宏观经济学发展史，政府债务一直是学术界探讨和研究的重点话题。追根溯源，政府债务是一国财政收入的特殊表现形式，国家通过发行债券或者借款，有助于获得更多的可支配资金，当然，这些资金具有偿还性，属于预期的财政支出。政府债务相关概念较为复杂，主要包含公债、政府债务、国债、主权债务、中央政府债务、地方政府债务、外债、政府债务可持续性等。具体而言：

公债（public debt），是指公共债务，即公共部门的债务，公共部门包含各级政府、公共事业和公共企业，各级政府一般又包含中央政府、州政府、地方政府等。《新帕尔格雷夫经济学大辞典》中给出的定义是：当一国政府向个人、公司、社会事业单位或者他国政府借款，则形成公债，其属于一种法律义务，政府需要按照明确的时间要求对法定的债权人支付利息，并定期偿还债务[1]。郭庆旺和赵志耘（2002）的观点较为相似，他们认为，公债是政府向个人、公司企业、社会事业单位以及他国政府的借款，公债是相对于私债而言的[2]。朱柏铭（2002）、张雷宝（2007）基于债务发行部门的视角界定了公债的定义，即公债是由公共部门举借的债务[3]。杨志勇和张馨（2005）提出，公债是指由国家或者政府为借款人，以其信用背书，通过借款或者发行债券的方式来获取资金，即公债是国家或者政府向国内外筹集资金过程中形成的债务债权关系[4]。

国债，属于公债的主要组成部分，一国中央政府发行的债务为

---

[1] 伊特韦尔：《新帕尔格雷夫经济学大词典》，经济科学出版社1996年版。
[2] 郭庆旺、赵志耘：《财政学》，中国人民大学出版社2002年版。
[3] 朱柏铭：《公共经济学》，浙江大学出版社2002年版；张雷宝：《财政学》，浙江人民出版社2007年版。
[4] 杨志勇、张馨：《财政学》，清华大学出版社2005年版。

国债，其是国家信用的重要表现形式之一。陈共（2015）提出，一国政府举借的债务被视为国债或者公债，其中，中央政府债务为国债，地方政府债务为公债①。通常情况下，国债的债务人为一国政府，而债权人既可以为公民、法人或者其他组织，也可以为他国政府或者国际金融组织，一国政府发行国债的目的包含筹集基础设施建设资金、平衡财政收支、筹措军费等。

政府债务，一般是指政府部门与准政府部门的全部债务，政府部门包含中央政府和地方各级政府，准政府部门是指附属于政府或者由政府担保的部门。与公债相比，政府债务的统计口径较小，仅包含需要政府部门担保或者偿还的债务。一般认为，政府债务由中央政府债务和地方政府债务两个部门的债务构成。中央政府债务，是指由中央政府发行的公债；地方政府债务的概念和范畴在不同国家存在差异，对于单一制国家而言，地方政府债务是指中央政府之下的各级政府债务；在联邦制国家，地方政府债务是指州或者地区政府之下一级政府的债务。

主权债务，是指一国以主权为担保对外举借的债务。其中，主权债务包含主权国家直接向国际组织、他国政府或者个人的借款，也包含主权国家以政府或者政府部门名义发行由国外持有人持有的债务，或者是主权国家为其国内的非政府部门或者个人担保向国外举借的债务。与公债、政府债务不同，主权债务不包含一国政府发行的由国内持有人所持有的债务。

外债，是指一国对外的负债。按照国际货币基金组织和世界银行的定义，外债是指一切对非当地居民以外国货币或者当地货币为核算单位的、有偿还责任的负债。

政府债务可持续性，陈共（2015）指出，当存在政府债务负担问题的同时，也存在政府债务的限度问题，政府债务的限度形成于

---

① 陈共：《财政学》（第8版），中国人民大学出版社2015年版。

政府债务的负担①。政府债务可持续性是衡量一国政府债务风险的重要指标，当政府债务可持续性超过某一限值时，则可能形成潜在的政府债务风险。2005年4月，国际货币基金组织和世界银行正式提出"低收入国家债务可持续性框架（LIC-DSF）"，并在债务分析和对一国的援助贷款操作中加以应用。2019年4月25日，在第二届"一带一路"国际合作高峰论坛资金融通分论坛期间，财政部正式发布《"一带一路"债务可持续性分析框架》。该分析框架是在借鉴国际货币基金组织和世界银行低收入国家债务可持续性分析框架基础上，结合"一带一路"沿线国家实际情况制定的债务可持续性分析工具，鼓励中国和"一带一路"沿线国家金融机构、国际机构在自愿的基础上使用。

为了准确评价"一带一路"沿线国家政府债务发展状况，基于数据的可获得性和科学性原则，本书中政府债务的概念主要是指中央政府债务。为保证不同国家之间数据统计口径的一致性，数据主要来自世界银行和国际货币基金组织。

关于如何衡量一国政府债务风险，本书中涉及指标主要在三个方面：一是债务规模，具体包括政府债务率、外债负债率、外债债务率；二是债务结构，具体为债务期限结构；三是偿债能力，具体包含外债偿债率、外汇储备占外债余额比重，指标含义及国际警戒线如表1-1所示。

表1-1 主要指标及含义

类别	指标名称	指标含义	警戒线
债务规模	政府债务率	一国中央债务总额占GDP比重	60%
	外债负债率	一国外债余额占GDP比重	20%
	外债债务率	一国外债余额占国际收支统计口径的货物与服务贸易出口收入比重	100%

---

① 陈共：《财政学》（第8版），中国人民大学出版社2015年版。

续表

类别	指标名称	指标含义	警戒线
债务结构	债务期限结构	一国短期外债占外债余额的比重	20%
偿债能力	外债偿债率	一国外债现值占国际收支统计口径的货物与服务贸易出口收入比重	20%
	外汇储备占外债余额比重	一国外汇储备占外债余额的比重	30%

第三节 "一带一路"沿线国家债务问题相关研究

一 政府债务影响因素研究

自2008年国际金融危机爆发以来，伴随着欧美政府债务问题的持续发酵，研究发达国家政府债务削减影响因素的国内外学者大量出现。他们大多认为经济增长（熊义明等，2013[1]；Gómez - Puig and Sosvilla - Rivero，2015[2]；庞晓波和李丹，2015[3]）、财政紧缩（Hall and Sargent，2011[4]）是降低一国政府债务的主要驱动力，债务违约（Reinhart and Rogoff，2011[5]）也有助于削减政府债务，但

---

[1] 熊义明、潘英丽、吴君：《发达国家政府债务削减的经验分析》，《世界经济》2013年第5期。
[2] M. Gómez - Puig, S. Sosvilla - Rivero, "The Causal Relationship between Debt and Growth in EMU Countries", *Journal of Policy Modeling*, 2015, 37, pp. 974 - 989.
[3] 庞晓波、李丹：《中国经济景气变化与政府债务风险》，《经济研究》2015年第10期。
[4] G. J. Hall, T. J. Sargent, "Interest Rate Risk and Other Determinants of Post - WWII US Government Debt/GDP Dynamics", *American Economic Journal*: Macroeconomics, 2011, 3, pp. 192 - 214.
[5] C. M. Reinhart, K. S. Rogoff, "The Forgotten History of Domestic Debt", *The Economic Journal*, 2011, 121, pp. 319 - 350.

通货膨胀可能降低政府债务水平（*Aizenman and Marion*，2011①），也可能并无明显的作用效果（Abbas et al.，2013②）。一国往往需要同时使用几种不同方式来削减债务，如金融抑制+适度通胀（Reinhart and Sbrancia，2015③）或者经济增长+适度通胀（姚枝仲，2017④）。现有研究多以发达国家为研究对象，关于发展中国家政府债务削减因素的研究尚未充分展开。

二 政府债务风险研究

一国政府债务规模的不断积累可能引发债务风险，尤其是在开放经济条件下，需要考虑到当外部环境发生变化或者受到突发事件冲击时，政府债务风险是否会爆发甚至演变成债务危机。关于政府债务风险，国内外学者进行了大量的研究。一是政府债务风险的成因，主要包含债务规模（莫亚琳和徐鹏程，2016⑤；Cole and Kehoe，1998⑥；刘尚希和赵全厚，2002⑦；Reinhart and Rogoff，2010⑧）、货币错配（Roubini and Sala-I-Martin，1992⑨；Calvo and Mendoza，

---

① J. Aizenman, N. Marion, "Using Inflation to Erode the US Public Debt", *Journal of Macroeconomics*, 2011, 33, pp. 524-541.

② S. M. A. Abbas, B. Akitoby, J. R. Andritzky, H. Bergen, T. Komatsuzaki, J. Tyson, "Dealing with High Debt in an Era of Low Growth", Staff Discussion Notes No. 7, 2013.

③ C. M. Reinhart, M. B. Sbrancia, "The Liquidation of Government Debt", *Economic Policy*, 2015, 30, pp. 291-333.

④ 姚枝仲：《政府债务膨胀史》，《金融评论》2017年第5期。

⑤ 莫亚琳、徐鹏程：《东盟国家政府债务现状及风险研究》，《亚太经济》2016年第3期。

⑥ H. L. Cole, P. J. Kehoe, "Models of Sovereign Debt: Partial Versus General Reputations", *International Economic Review*, 1998, 39, pp. 55-70.

⑦ 刘尚希、赵全厚：《政府债务：风险状况的初步分析》，《管理世界》2002年第5期。

⑧ C. M. Reinhart, K. S. Rogoff, "From Financial Crash to Debt Crisis", *American Economic Review*, 2010, 101, pp. 1076-1706.

⑨ N. Roubini, X. Sala-I-Martin, "A Growth Model of Inflation, Tax Evasion, and Financial Repression", *New Haven Connecticut Yale University Economic Growth Center Apr*, 1992, 35, pp. 275-301.

1996[①])、外部环境冲击（Kaminsky and Reinhart，1999[②]；Manasse et al.，2003[③]）等。二是政府债务风险的特征，沈丽和刘媛（2020）的研究结果表明，全球政府债务风险传导具有紧密性、连通性的空间关系网络结构特征，需要加强国家之间宏观经济政策的沟通与协调，共同打造全球债务风险治理体系[④]。三是政府债务风险的预警，刘志强（1999）以拉丁美洲国家为研究对象，构建债务危机的预警指标体系[⑤]。林伯强（2002）基于国家信用等级标准构建了动态的外债预警模型，有助于对各国外债风险进行较为准确的预测和分析[⑥]。史建平和高宇（2009）利用国际主流的金融危机预警模型（KLR 模型）对新兴市场国家的金融风险进行了实证检验，佐证了模型的有效性和适用性[⑦]。唐旭和张伟（2002）在明确金融危机预警系统定义的基础上，基于预警方法、指标体系、预警模型、制度安排以及信息管理系统等方面，建立了中国金融危机的预警系统[⑧]。

三 "一带一路"倡议与沿线国家政府债务研究

现有关于"一带一路"倡议实施与东道国政府债务关系的研究多为定性分析，并形成了两种不同观点。持有"债务陷阱论"观点的学者认为，中国利用"一带一路"建设项目，向东道国政府提供

---

① G. A. Calvo, E. G. Mendoza, "Mexico's Balance – of – payments Crisis: A Chronicle of a Death Foretold", *Journal of International Economics*, 1996, 41, pp. 235 – 264.

② G. L. Kaminsky, C. M. Reinhart, "The Twin Crises: The Causes of Banking and Balance – of – Payments Problems", *International Finance Discussion Papers*, 1999, 89, pp. 473 – 500.

③ P. Manasse, N. Roubini, A. Schimmelpfenning, "Predicting Sovereign Debt Crises", *Social Science Electronic Publishing*, 2003, 2, pp. 192 – 205.

④ 沈丽、刘媛：《全球政府债务风险的跨国主导网络结构及其解释》，《当代财经》2020 年第 4 期。

⑤ 刘志强：《金融危机预警指标体系研究》，《世界经济》1999 年第 4 期。

⑥ 林伯强：《外债风险预警模型及中国金融安全状况评估》，《经济研究》2002 年第 7 期。

⑦ 史建平、高宇：《KLR 金融危机预警模型研究——对现阶段新兴市场国家金融危机的实证检验》，《数量经济技术经济研究》2009 年第 3 期。

⑧ 唐旭、张伟：《论建立中国金融危机预警系统》，《经济学动态》2002 年第 6 期。

超过其偿还能力的贷款,制造了将巴基斯坦、马尔代夫等国置于依赖性和脆弱性境地的"债务陷阱"(Chellaney, 2017[①]; Parker and Chefitz, 2018[②])。尤其是部分基础设施项目投资程序不够透明、债务可持续性差,造成中国企业更容易中标或者项目费用虚增,进而导致沿线国家政府债务负担加剧(Kliman and Grace, 2018[③])。持有对立观点的学者则认为,西方国家炒作所谓的"债务陷阱"并非真正关心沿线国家政府债务问题,而是源于对"一带一路"倡议的焦虑和敌视,是为了确保其对全球治理和世界秩序的主导地位,东道国及其所处的地区政治环境、国家权力更迭导致的国家战略变动等是"债务陷阱论"传播的重要影响因素(王义桅, 2018[④]; 钟飞腾和张帅, 2020[⑤])。事实上,"一带一路"倡议下中国对外投资合作有力地促进了东道国基础设施建设、就业和经济增长(张宇燕, 2018[⑥]; 李向阳, 2018[⑦]),中国也对很多东道国政府债务进行了一定程度的减免或重组(Hurley et al., 2018[⑧]),"一带一路"倡议实施导致菲律宾、斯里兰卡等典型国家陷入"债务陷阱"是并不存在的伪命题(李金明, 2019[⑨]),很多中低收入国家在"一带一路"

---

① Chellaney, B., "China's Debt Trap Diplomacy", Project Syndicate, 2017, https://www.project-syndicate.org/commentary/china-one-belt-one-road-loans-debt-by-brahma-chellaney-2017-01.

② S. Parker, G. Chefitz, "Bebtbook Diplomacy", HARVARD Kennedy School, 2018.

③ D. Kliman, A. Grace, "Power Play Addressing China's Belt and Road Strategy", Center for a New American Security, 2018.

④ 王义桅:《西方真的关心"债务陷阱"吗》,《环球时报》2018 年 11 月 20 日。

⑤ 钟飞腾、张帅:《地区竞争、选举政治与"一带一路"债务可持续性——剖析所谓"债务陷阱外交"论》,《外交评论(外交学院学报)》2020 年第 1 期。

⑥ 张宇燕:《中国对外开放的理念、进程与逻辑》,《中国社会科学》2018 年第 11 期。

⑦ 李向阳:《亚洲区域经济一体化的"缺位"与"一带一路"的发展导向》,《中国社会科学》2018 年第 8 期。

⑧ J. Hurley, S. Morris, G. Portelance, "Examining the Debt Implications of the Belt and Road Initiative from a Policy Perspective", Center for Global Development, 2018.

⑨ 李金明:《"一带一路"建设与菲律宾"大建特建"规划——对"债务陷阱论"的反驳》,《云南社会科学》2019 年第 4 期。

倡议实施之前已经背上了沉重的债务，而且中国给沿线国家的贷款条件并不严格。仅有个别文献运用定量分析方法对"一带一路"倡议实施对沿线国家政府债务效应展开研究，金刚和沈坤荣（2019）指出，"一带一路"倡议显著加大了中国企业对沿线国家交通行业的投资规模，但未显著增加交通"问题投资"①。这一研究为驳斥"债务陷阱论"提供了间接证据。郭建峰和杨治廷（2019）指出，中国对外直接投资（Outward Foreign Direct Investment，OFDI）对降低沿线国家的负债水平有微弱影响②。这一研究直接考察了中国OFDI对沿线国家政府债务的影响，但并未充分识别相关效应的作用机制。邱煜和潘攀（2019）的研究结果表明，"一带一路"倡议有助于降低沿线国家债务风险，缩减沿线国家债务规模和增强沿线国家财政可持续性是相关效应的主要作用机制，进一步地，与中国签订共建"一带一路"谅解备忘录的沿线国家，其参与"一带一路"倡议的程度更深，债务风险也更低③。林乐芬和潘子健（2020）构建"一带一路"沿线国家债务指标体系，对沿线国家的发展水平和债务情况进行测度；并基于财政部发布的债务可持续性分析框架，对沿线国家的债务风险进行准确评价④。刘务和刘成凯（2020）以缅甸为对象开展的研究结果表明，综合考察贸易、投资、经济发展和债务等方面，缅甸没有陷入危机，"一带一路"建设也没有为缅甸造成"债务陷阱"⑤。宋颖慧等（2019）的研究结果表明，斯里兰卡债务问题由来已久，"一带一路"建设和中国贷款都不是增加斯

---

① 金刚、沈坤荣：《中国企业对"一带一路"沿线国家的交通投资效应：发展效应还是债务陷阱》，《中国工业经济》2019年第9期。
② 郭建峰、杨治廷：《中国对外直接投资与"一带一路"沿线国家负债水平关系研究》，《江西社会科学》2019年第8期。
③ 邱煜、潘攀：《"一带一路"倡议与沿线国家债务风险：效应及作用机制》，《财贸经济》2019年第12期。
④ 林乐芬、潘子健：《共建"一带一路"海外利益风险与保护机制——基于"一带一路"沿线国家政府的债务可持续性分析》，《学海》2020年第2期。
⑤ 刘务、刘成凯：《中缅经济合作：是"债务陷阱"还是发展机遇？》，《南亚研究》2020年第2期。

里兰卡债务的根源,当然,"一带一路"建设在斯里兰卡开展的项目也表明,我国需要优化合作细节,以国企和国有资本为主导的合作模式容易被误解和质疑①。

四 简要评价

　　政府债务问题一直备受学术界广泛关注,尤其是自2008年国际金融危机爆发以来,政府债务问题造成全球经济复苏进程缓慢,国内外学者对政府债务问题展开了深入的研究,形成了较为丰硕的研究成果。通过梳理和回顾现有文献,可以形成如下认识:一是一国政府债务规模的影响因素是多元的、综合的,一种或者多种影响因素共同作用于一国政府债务;二是政府债务规模扩张会加大政府债务风险,甚至引发债务危机,需要加强政府债务管理和风险防范;三是关于"一带一路"沿线国家政府债务的研究尚处于起步阶段,现有研究结论关于所谓"债务陷阱论"存在较大分歧。资金融通是"一带一路"建设的重要支撑,有必要针对"一带一路"沿线国家政府债务额问题展开更为细致的研究,高度重视沿线国家债务可持续性,切实防范债务风险的产生,推动共建"一带一路"高质量发展进程。

---

① 宋颖慧、王瑟、赵亮:《"中国债务陷阱论"剖析——以斯里兰卡政府债务问题为视角》,《现代国际关系》2019年第6期。

第二章 "一带一路"沿线国家政府债务发展现状

要深入研究"一带一路"沿线国家政府债务问题,应首先掌握其政府债务的发展现状,从纵向来看,要关注"一带一路"倡议实施前后沿线国家政府债务规模与结构的变化;从横向来看,也要掌握沿线国家和非沿线国家债务水平与发展趋势的异同。此部分基于债务水平、偿债能力、债务期限结构、主权信用评级等方面,客观评价"一带一路"沿线国家政府债务水平,进而为开展债务风险防范和化解等后续分析奠定基础。

第一节 "一带一路"沿线国家政府债务水平

为全面评价"一带一路"沿线国家的政府债务水平,此部分将围绕政府债务规模和外债规模两个方面,对沿线国家的总体债务规模和外债规模进行评估。

一 政府债务规模

（一）沿线国家与非沿线国家比较分析

根据《马斯特里赫特条约》[①]，一国债务总额占 GDP 比重低于 60% 可被视为债务状况良好，不会引发债务违约风险，超过 60% 则可能引发债务违约风险。但统计数据表明，很多发达国家债务水平较高，且并未引发债务风险。Reinhart 和 Rogoff（2010）基于 44 个国家近 200 年的历史数据，获得的研究结论是，对于发达国家而言，债务总额占 GDP 比重的警戒线是 90%；对于发展中国家而言，债务总额占 GDP 比重的警戒线是 60%[②]。本书中参照这一标准来评估和判断"一带一路"沿线国家的政府债务情况。根据现有文献的通常做法，本书以中央政府债务总额占 GDP 比重衡量一国政府债务规模。

从图 2-1 来看，纵向比较结果显示，"一带一路"沿线国家政府债务占 GDP 比重从 2005 年的 49.8% 上升至 2018 年的 53.4%，增幅为 3.6 个百分点，但始终低于 60% 的警戒线。横向比较结果显示，2005—2018 年期间，非沿线国家政府债务占 GDP 比重一直高于沿线国家，其中，2005—2013 年期间，两者之间的差距不断缩小，从 12.1 个百分点降至 1.4 个百分点；自 2013 年"一带一路"倡议实施以来，非沿线国家政府债务占 GDP 比重的增幅高于沿线国家，2018 年两者之间的差值上升至 4.6 个百分点。

---

① "一带一路"沿线国家在尚未形成统一的关于政府债务风险标准、警戒线的情况下，《马斯特里赫特条约》中关于政府债务负担或者风险的衡量参考值可以为评估沿线国家政府债务负担提供依据和参考。当然，条约中的相关标准为参考值，而并非绝对值，欧盟设定该标准的背景为 20 世纪 90 年代，世界经济政治秩序良好，经济稳步运行，条约中给出的政府债务风险参考标准为经济正常运行状态下的参考值，其有助于预警政府债务风险，但并非防控政府债务风险甚至危机的根本措施。一般适用于在没有准确参考标准情形下的政府债务可持续性判断，因缺乏对一国所处具体经济环境的考虑，也存在一定的缺陷和不足。

② Reinhart, C. M., Rogoff, K. S., "Growth in a Time of Debt", *American Economic Review*, 2010, 100, pp. 573–578.

第二章 "一带一路"沿线国家政府债务发展现状 17

图 2-1 2005—2018 年样本国家政府债务占 GDP 比重

注：样本国家中央政府债务占 GDP 比重详见附表1、附表2。

资料来源：国际货币基金组织数据库。

（二）沿线国家政府债务规模的地区分布特征

为了进一步明确不同地区的"一带一路"沿线国家政府债务的演变特征，将沿线国家划分为东盟、西亚、南亚、中亚、独联体和中东欧六个区域。从图 2-2 可以看出，纵向比较结果显示，除东盟、南亚国家外，西亚、中亚、独联体和中东欧国家的政府债务占 GDP 比重均呈上升势头。其中，东盟国家政府债务占 GDP 比重从 52.5% 下降至 46.8%，降幅为 5.7 个百分点；南亚国家政府债务占 GDP 比重从 76.7% 下降至 54.8%，降幅为 21.9 个百分点；西亚国家政府债务占 GDP 比重从 70.6% 上升至 74.8%，增幅为 4.2 个百分点；中亚国家政府债务占 GDP 比重从 32.7% 上升至 34.9%，增幅为 2.2 个百分点；独联体国家政府债务占 GDP 比重从 15.7% 上升至 35.7%，增幅为 20 个百分点；中东欧国家政府债务占 GDP 比重从 31.1% 上升至 46.5%，增幅为 15.4 个百分点。自 2013 年以来，南亚、中东欧和东盟国家政府债务占 GDP 比重走势相对平稳，西亚、独联体、中亚国家政府债务占 GDP 比重的上升势头更为明显。

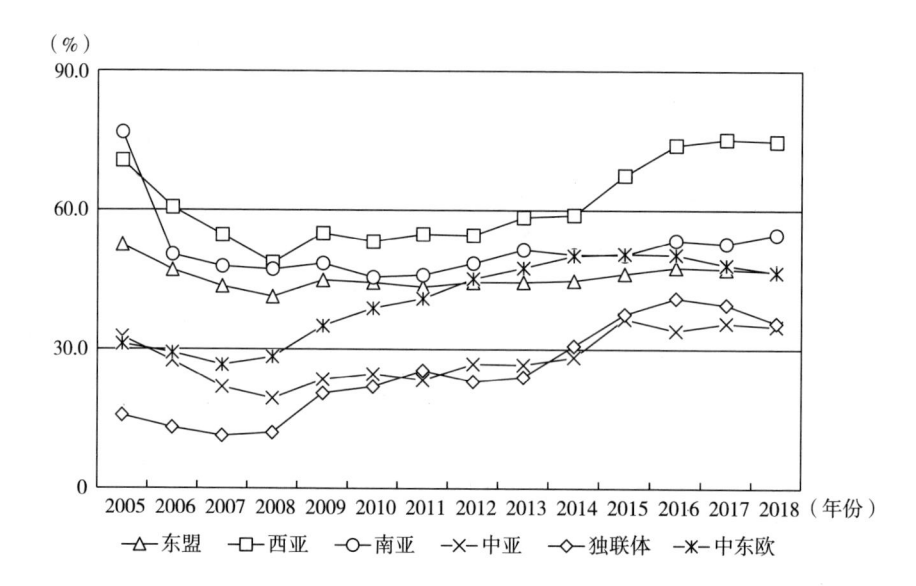

图 2-2　2005—2018 年按照地区划分的样本国家中央政府债务占 GDP 比重

资料来源：国际货币基金组织数据库。

横向比较结果显示，在"一带一路"沿线国家中，西亚国家政府债务占 GDP 比重较高，自 2015 年起超过了 60% 的国际警戒线；东盟、南亚、中东欧国家政府债务占 GDP 比重处于中间水平；独联体、中亚国家政府债务占 GDP 比重相对较低。

二　外债规模

本部分主要利用外债负债率和债务率两个指标来衡量"一带一路"沿线国家的外债规模。

（一）外债负债率

外债负债率是衡量一国外债风险的重要指标之一，是指外债余额与当年国内生产总值之比，国际公认安全线为 20%。从图 2-3 可以看出，2000—2018 年"一带一路"沿线国家外债负债率处于较高水平，但总体呈下降趋势。2000 年沿线国家负债率均值为 46.5%，

2018年为34.5%，下降了12个百分点；2013年沿线国家负债率为33.5%，倡议实施以后，沿线国家负债率呈现先上升后下降趋势，2018年负债率为34.5%，较2013年上升了1个百分点，负债率并未呈现大幅上升。

图2-3 2000—2018年"一带一路"沿线国家外债负债率均值

注："一带一路"沿线国家外债负债率详见附表3。
资料来源：世界银行世界发展指标数据库。

就单一沿线国家而言，从图2-4可以看出，2018年"一带一路"沿线国家中仅有6个国家的负债率低于20%，占全部样本国家的比重为15%，具体包括土库曼斯坦（2.2%）、阿富汗（13.4%）、尼泊尔（18.8%）、孟加拉国（19.0%）、印度（19.2%）和缅甸（19.6%）；其他34个国家的负债率均超过20%，占样本国家的比重为85%，外债负债率超过100%的国家有4个，分别是不丹（104.2%）、黎巴嫩（144.4%）、黑山（144.4%）和蒙古（224.1%），外债风险极高。就整体而言，"一带一路"沿线国家的外债负债率相对较高。

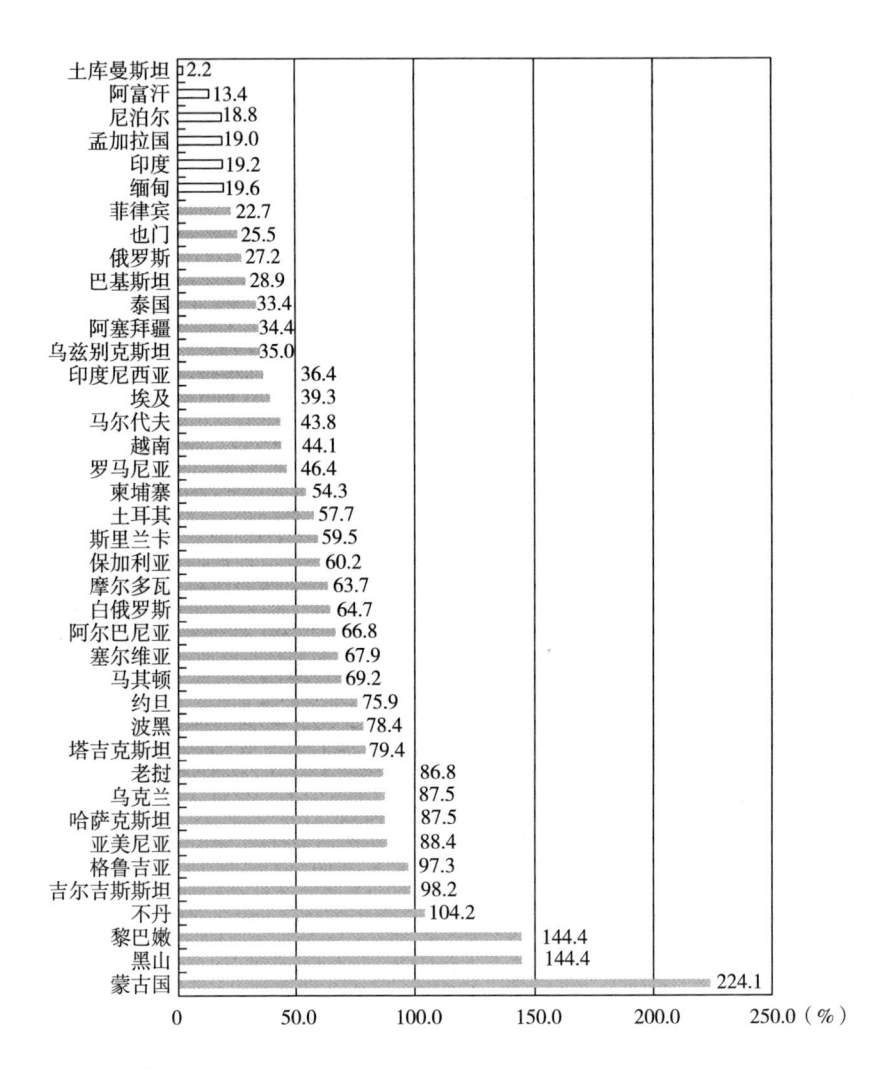

国家	外债负债率(%)
土库曼斯坦	2.2
阿富汗	13.4
尼泊尔	18.8
孟加拉国	19.0
印度	19.2
缅甸	19.6
菲律宾	22.7
也门	25.5
俄罗斯	27.2
巴基斯坦	28.9
泰国	33.4
阿塞拜疆	34.4
乌兹别克斯坦	35.0
印度尼西亚	36.4
埃及	39.3
马尔代夫	43.8
越南	44.1
罗马尼亚	46.4
柬埔寨	54.3
土耳其	57.7
斯里兰卡	59.5
保加利亚	60.2
摩尔多瓦	63.7
白俄罗斯	64.7
阿尔巴尼亚	66.8
塞尔维亚	67.9
马其顿	69.2
约旦	75.9
波黑	78.4
塔吉克斯坦	79.4
老挝	86.8
乌克兰	87.5
哈萨克斯坦	87.5
亚美尼亚	88.4
格鲁吉亚	97.3
吉尔吉斯斯坦	98.2
不丹	104.2
黎巴嫩	144.4
黑山	144.4
蒙古国	224.1

图2-4 2018年"一带一路"沿线国家外债负债率

资料来源：世界银行世界发展指标数据库。

(二) 外债债务率

外债债务率是指外债余额与当年国际收支统计口径的货物与服务贸易出口收入之比，国际公认安全线为100%。从图2-5可以看出，"一带一路"沿线国家外债债务率整体水平偏高，但在2000—2018年期间呈大幅下降趋势，外债债务率由2000年的155.7%下降至 2018 年的 109.4%，降幅为 46.3 个百分点；2013 年"一带一路"倡议实施以来，沿线国家外债负债率呈现先上升后下降趋势，由 2013 年的 110.9% 上升至 2016 年的 131.4%，并逐年下降至 2018 年的 109.4%，综上所述，倡议实施以来沿线国家外债债务率并未出现单边上扬态势，2018 年外债债务率较 2013 年下降 1.5 个百分点。

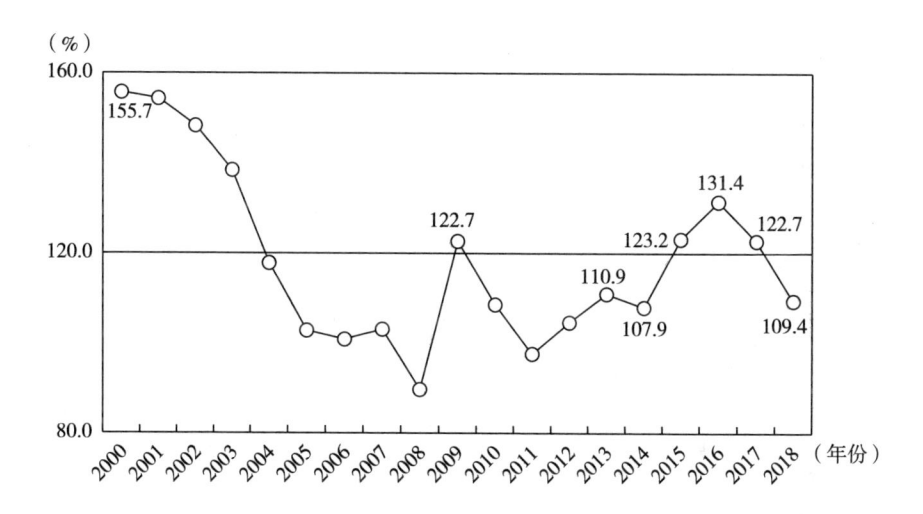

图 2-5　2000—2018 年"一带一路"沿线国家外债债务率

注："一带一路"沿线国家外债负债率详见附表 4。

资料来源：世界银行世界发展指标数据库。

就单一沿线国家而言，从图 2-6 可以看出，"一带一路"沿线国家中外债债务率低于安全线的国家有 11 个，占全部样本国家的比重为 28.9%，具体包括越南（41.6%）、泰国（50.2%）、阿塞拜疆（59.8%）、马尔代夫（62.8%）、柬埔寨（70.3%）、菲律宾（76.9%）、俄罗斯（81.0%）、缅甸（87.3%）、保加利亚（88.5%）、白俄罗斯（89.4%）、印度（93.4%）；其他 27 个国家的债务率高于安全线，占全部样本国家的比重为 71.1%，其中，塔吉克斯坦（224.6%）、哈萨克斯坦（224.9%）、老挝（245.4%）、斯里兰卡（256.4%）、巴基斯坦

(289.1%)、吉尔吉斯斯坦（292.5%）、黑山（293.9%）、不丹（313.3%）、黎巴嫩（355.7%）和蒙古（370.1%）等国的外债债务率均超过200%，外债风险很高。

国家	外债债务率(%)
越南	41.6
泰国	50.2
阿塞拜疆	59.8
马尔代夫	62.8
柬埔寨	70.3
菲律宾	76.9
俄罗斯	81.0
缅甸	87.3
保加利亚	88.5
白俄罗斯	89.4
印度	93.4
乌兹别克斯坦	101.8
罗马尼亚	104.4
马其顿	112.4
孟加拉国	117.7
塞尔维亚	134.0
阿富汗	137.2
乌克兰	161.3
尼泊尔	162.2
摩尔多瓦	163.9
格鲁吉亚	168.2
印度尼西亚	171.6
波黑	174.6
土耳其	182.4
埃及	187.9
阿尔巴尼亚	192.9
亚美尼亚	196.4
约旦	199.1
塔吉克斯坦	224.6
哈萨克斯坦	224.9
老挝	245.4
斯里兰卡	256.4
巴基斯坦	289.1
吉尔吉斯斯坦	292.5
黑山	293.9
不丹	313.3
黎巴嫩	355.7
蒙古	370.1

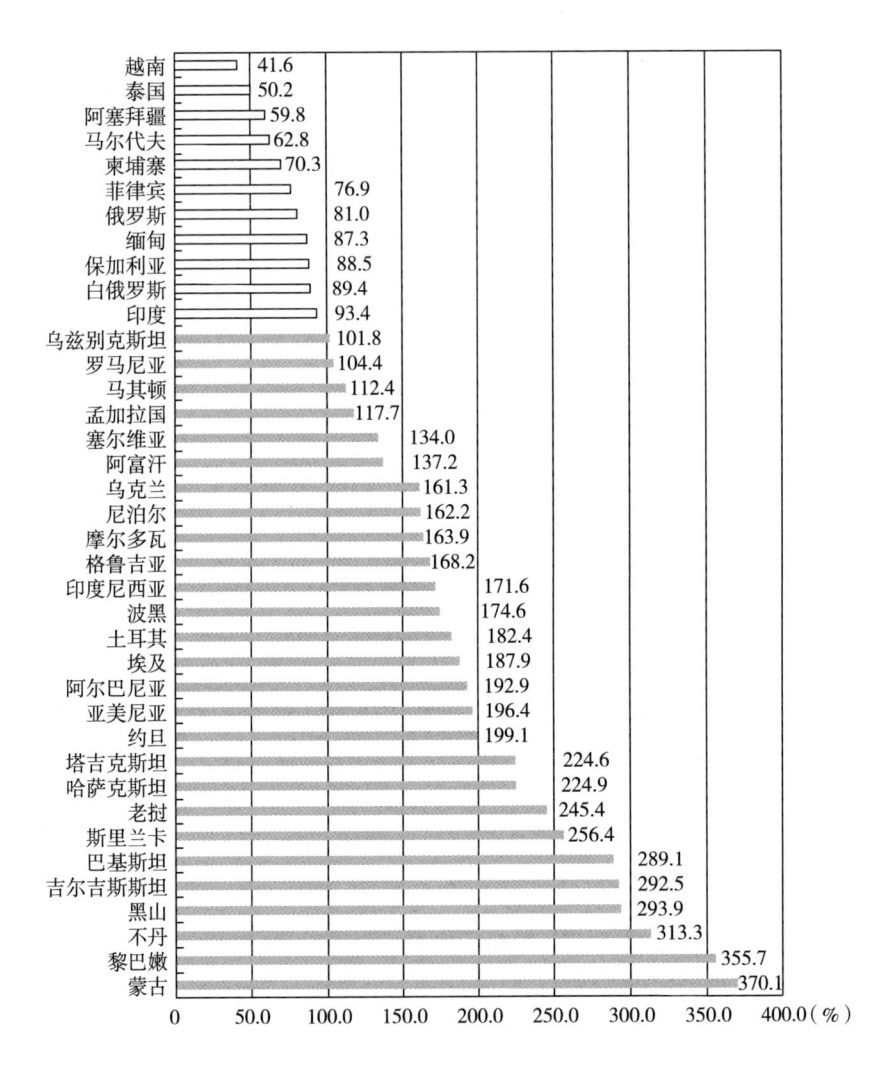

图 2-6 2018 年"一带一路"沿线国家外债债务率

资料来源：世界银行世界发展指标数据库。

第二节 "一带一路"沿线国家政府债务结构

一国债务结构是否合理与其债务期限结构密切相关，一般认为，短期债务用于弥补一国财政赤字，中长期债务用于一国经济建设或者平滑债务结构。债务期限越短，偿还债务的利息成本越低；债务期限越长，偿还债务的利息成本越高。但若政府债务中短期债务的比例过高，将会对政府的短期偿债能力提出严峻考验，一旦发生突发事件，可能造成政府的资金流动性下降，甚至引发流动性危机。因此，此部分以短期外债占全部外债余额的比重来考察"一带一路"沿线国家的政府债务结构。按照国际公认的警戒线，如果短期外债余额占全部外债余额的比重低于20%，表明一国外债结构合理，若这一指标超过20%，则认为一国可能存在一定的债务风险。

从图2-7可以看出，2000—2018年"一带一路"沿线国家短期外债占外债余额比重整体呈先上升后下降趋势，2000年这一指标

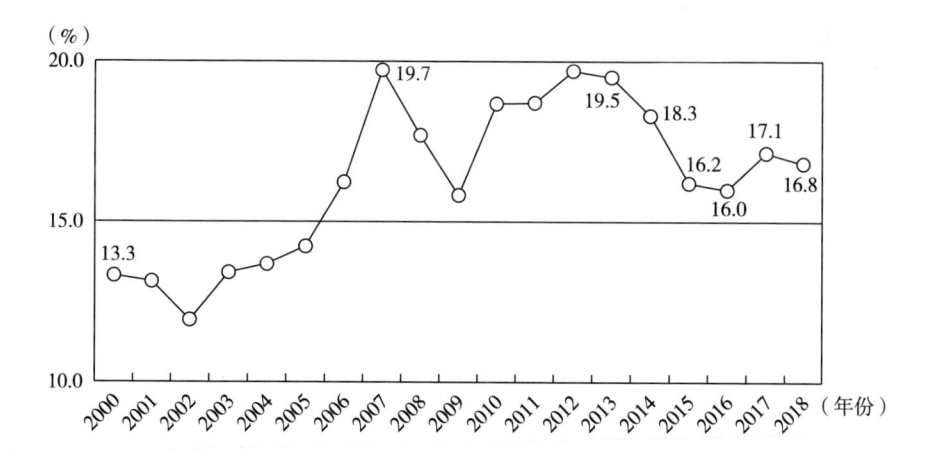

图2-7 2000—2018年"一带一路"沿线国家短期外债占外债余额比重均值

注："一带一路"沿线国家短期外债占外债余额比重详见附表5。

资料来源：世界银行世界发展指标数据库。

为13.3%，逐年上升至2007年的19.7%，并缓慢下降至2018年的16.8%，"一带一路"倡议实施以来，沿线国家短期外债占外债余额的比重整体呈下降趋势，由2013年的19.5%下降至2018年的16.8%，降幅为2.7个百分点。

就单一沿线国家而言，从图2-8可以看出，2018年"一带一路"沿线国家中短期外债占外债余额比重低于安全线的国家有30个，

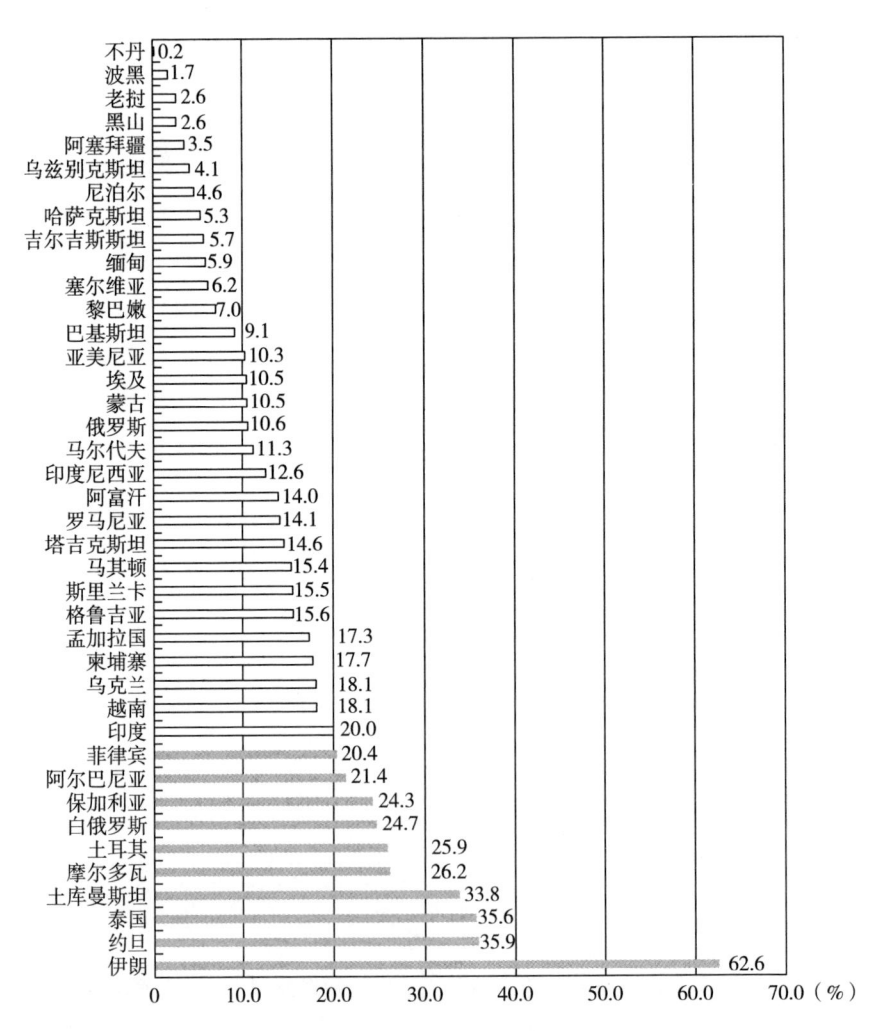

国家	比重(%)
不丹	0.2
波黑	1.7
老挝	2.6
黑山	2.6
阿塞拜疆	3.5
乌兹别克斯坦	4.1
尼泊尔	4.6
哈萨克斯坦	5.3
吉尔吉斯斯坦	5.7
缅甸	5.9
塞尔维亚	6.2
黎巴嫩	7.0
巴基斯坦	9.1
亚美尼亚	10.3
埃及	10.5
蒙古	10.5
俄罗斯	10.6
马尔代夫	11.3
印度尼西亚	12.6
阿富汗	14.0
罗马尼亚	14.1
塔吉克斯坦	14.6
马其顿	15.4
斯里兰卡	15.5
格鲁吉亚	15.6
孟加拉国	17.3
柬埔寨	17.7
乌克兰	18.1
越南	18.1
印度	20.0
菲律宾	20.4
阿尔巴尼亚	21.4
保加利亚	24.3
白俄罗斯	24.7
土耳其	25.9
摩尔多瓦	26.2
土库曼斯坦	33.8
泰国	35.6
约旦	35.9
伊朗	62.6

图2-8 2018年"一带一路"沿线国家短期外债占外债余额比重

资料来源：世界银行世界发展指标数据库。

占全部样本国家的比重为75%，短期外债占外债余额高于安全线的国家为10个，占全部样本国家的比重为25%，具体包括菲律宾（20.4%）、阿尔巴尼亚（21.4%）、保加利亚（24.3%）、白俄罗斯（24.7%）、土耳其（25.9%）、摩尔多瓦（26.2%）、土库曼斯坦（33.8%）、泰国（35.6%）、约旦（35.9%）和伊朗（62.6%），表明这些国家短期债务比例过高，遇到突发事件引发流动性危机的可能性较大。

第三节 "一带一路"沿线国家偿债能力

政府偿债能力是指在一定时期内政府偿还债务本息的财力。一般而言，若一国政府偿债能力与债务逾期率负相关，若偿债能力较低，将导致债务逾期率升高，政府无法按期履行还债责任。此部分将运用外债偿债率、外汇储备占外债余额比重两个指标考察"一带一路"沿线国家的偿债能力。

一 外债偿债率

外债偿债率是衡量一国外债规模和偿债能力的重要指标。外债偿债率是外债现值[①]与当年国际收支统计口径的货物与服务贸易出口收入之比，国际公认的警戒线为20%。从图2-9可以看出，"一带一路"沿线国家的外债偿债率整体较高，仅有三个国家的这一指标未超过20%，分别是伊朗（0.5%）、泰国（8.3%）、越南（18.7%），占全部样本国家的比重为8.8%；其他国家外债偿债率均超过20%，占样本国家比重为90.2%，尤其是约旦（109.2%）、黑山（114.9%）、老挝（121.9%）、吉尔吉斯斯坦（128.0%）、埃及（140.7%）、黎巴嫩（161.2%）、斯里兰卡（167.6%）、巴基斯坦（211.4%）和不丹（246.1%）等国家的外

---

① 外债现值是指短期外债加上公共的、公共担保的以及私人无担保的长期外债在现有贷款期限内还本付息总额的折现总和。

债偿债率均超过100%,表明这些国家债务风险很大,偿债能力很弱。

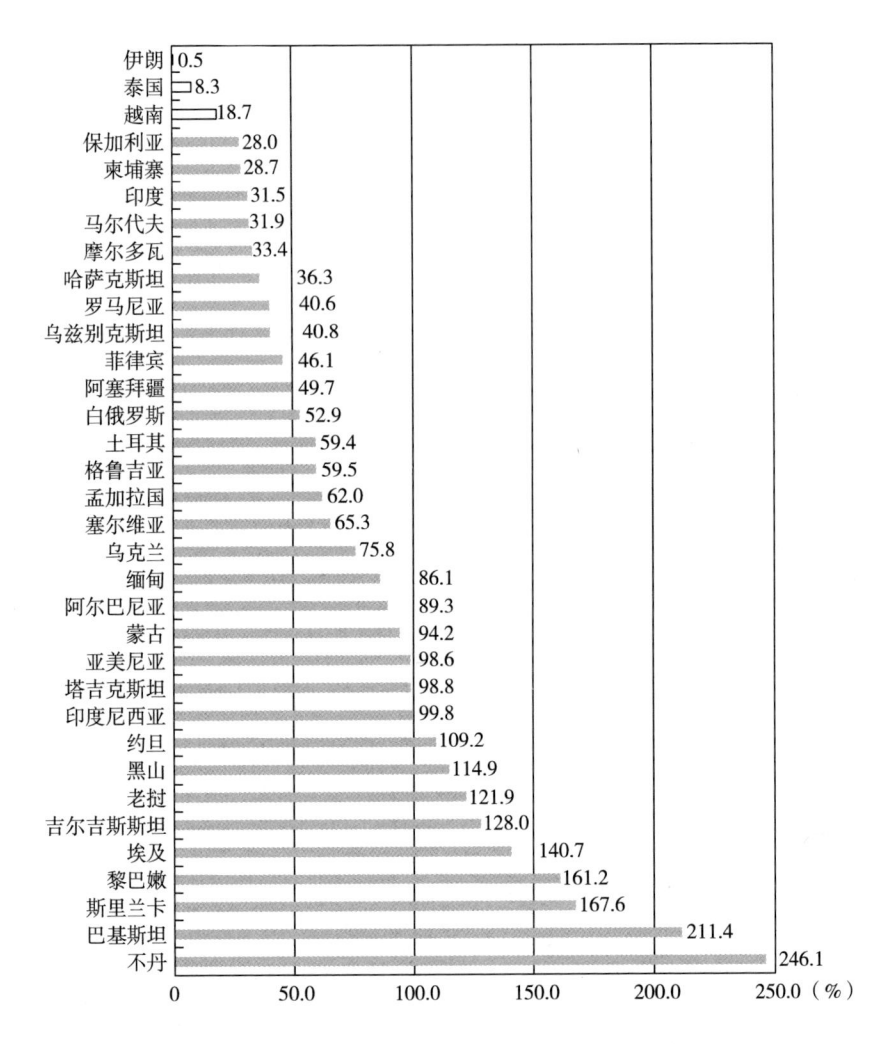

国家	外债偿债率(%)
伊朗	0.5
泰国	8.3
越南	18.7
保加利亚	28.0
柬埔寨	28.7
印度	31.5
马尔代夫	31.9
摩尔多瓦	33.4
哈萨克斯坦	36.3
罗马尼亚	40.6
乌兹别克斯坦	40.8
菲律宾	46.1
阿塞拜疆	49.7
白俄罗斯	52.9
土耳其	59.4
格鲁吉亚	59.5
孟加拉国	62.0
塞尔维亚	65.3
乌克兰	75.8
缅甸	86.1
阿尔巴尼亚	89.3
蒙古	94.2
亚美尼亚	98.6
塔吉克斯坦	98.8
印度尼西亚	99.8
约旦	109.2
黑山	114.9
老挝	121.9
吉尔吉斯斯坦	128.0
埃及	140.7
黎巴嫩	161.2
斯里兰卡	167.6
巴基斯坦	211.4
不丹	246.1

图 2-9 2018 年"一带一路"沿线国家外债偿债率

资料来源:世界银行世界发展指标数据库。

二 外汇储备占外债余额比重

一般认为,外汇储备与外债余额比值的安全线为 30%,一般应保持在30%—50%为宜①。从图2-10可以看出，在2000—2018年期间，"一带一路"沿线国家外汇储备与外债余额的比值整体呈上升趋势，由2000年的25.3%上升至2018年的56.0%，自2013年年底"一带一路"倡议实施以来，沿线国家外汇储备与外债余额的比值走势相对平稳，并未出现剧烈波动。

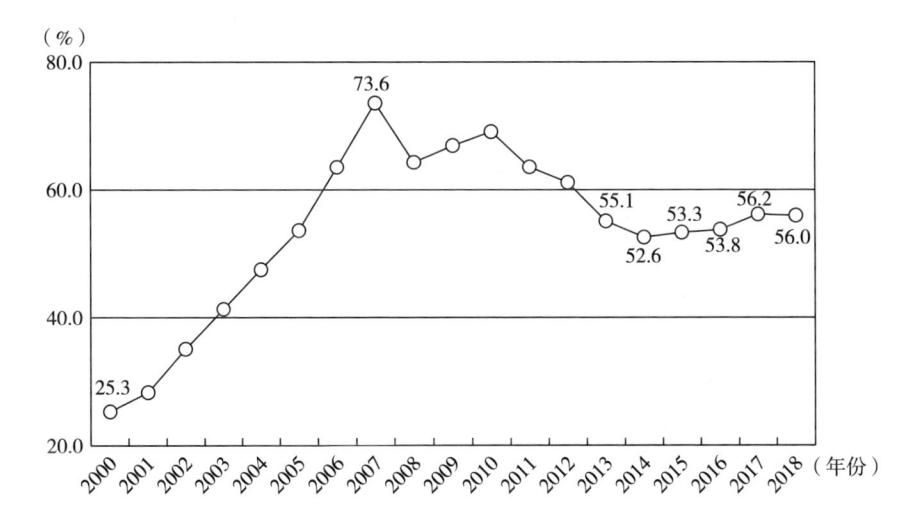

图2-10 2000—2018年"一带一路"沿线国家外汇储备与外债余额比值均值

注："一带一路"沿线国家外汇储备与外债余额比值详见附表6。

资料来源：世界银行世界发展指标数据库。

就单一沿线国家而言，从图2-11可以看出，2018年"一带一路"沿线国家外汇储备与外债余额比值超过30%的国家数量有24个，占全部样本国家的比重为64.9%；外汇储备与外债余额比值低于30%的国家数量有13个，占全部样本国家的比重为35.1%，具体包括吉尔吉斯斯坦（26.6%）、塔吉克斯坦（21.5%）、土耳其（20.9%）、亚美尼亚（20.5%）、哈萨克斯坦（19.7%）、格鲁吉亚（19.2%）、白俄罗斯（18.4%）、乌克兰（18.2%）、黑山（15.1%）、

---

① 王仕军、李向阳、夏炎：《巨额外汇储备四问》，《经营管理者》2007年第1期。

斯里兰卡（13.2%）、巴基斯坦（13.0%）、蒙古（12.1%）和老挝（6.3%），表明这些国家的外债规模和风险相对较大。

国家	数值
阿富汗	315.0
乌兹别克斯坦	153.6
尼泊尔	152.2
泰国	121.5
柬埔寨	104.0
俄罗斯	103.2
菲律宾	100.5
印度	76.6
保加利亚	72.0
黎巴嫩	66.0
孟加拉国	61.4
越南	51.3
波黑	43.0
埃及	42.4
阿塞拜疆	41.1
摩尔多瓦	41.1
不丹	38.7
阿尔巴尼亚	38.5
缅甸	37.8
罗马尼亚	37.6
马其顿	37.6
塞尔维亚	37.5
印度尼西亚	31.8
马尔代夫	31.0
吉尔吉斯斯坦	26.6
塔吉克斯坦	21.5
土耳其	20.9
亚美尼亚	20.5
哈萨克斯坦	19.7
格鲁吉亚	19.2
白俄罗斯	18.4
乌克兰	18.2
黑山	15.1
斯里兰卡	13.2
巴基斯坦	13.0
蒙古	12.1
老挝	6.3

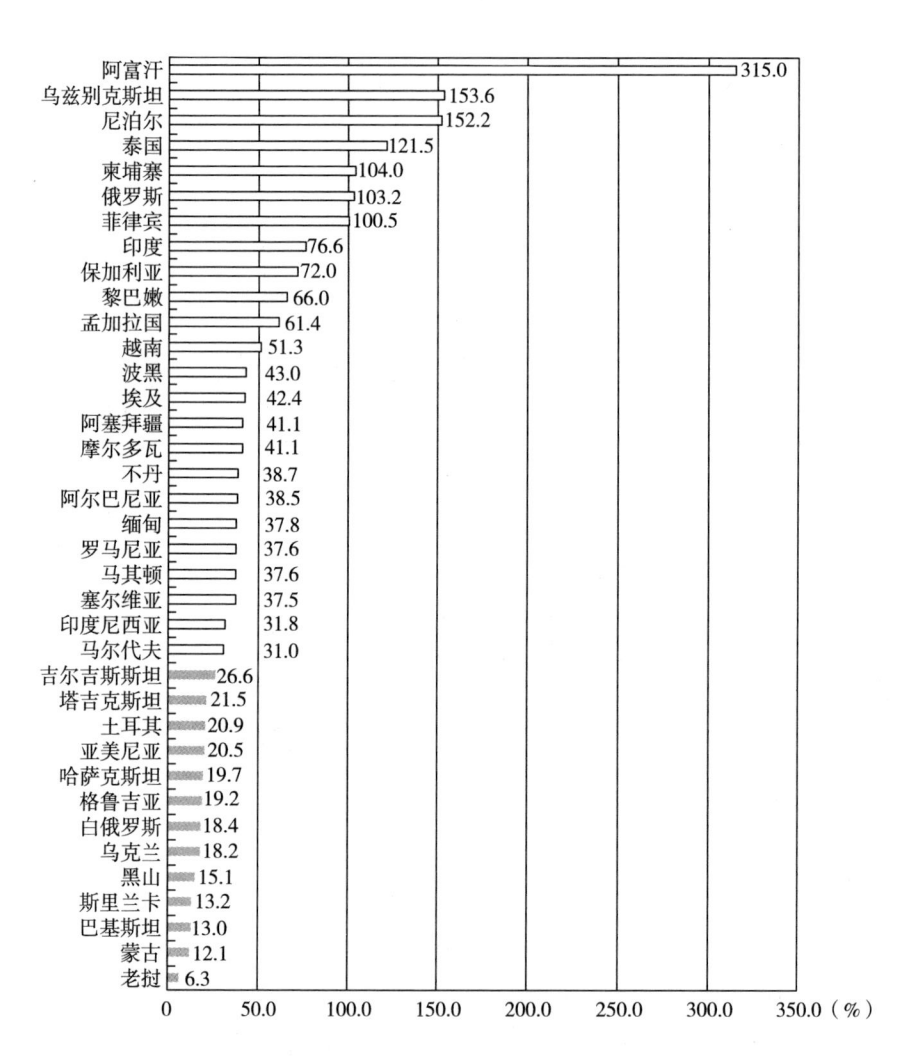

图 2-11　2018 年"一带一路"沿线国家外汇储备与外债余额比值

资料来源：世界银行世界发展指标数据库。

第四节 "一带一路"沿线国家主权信用评级

主权信用评级是指评级机构按照一定的程序和方法，对主权国家进行信用评级，以评判其债务风险和偿债能力。较为权威的主权信用评级机构包含标准普尔公司（Standard & Poor's）、穆迪公司（Moody's）和惠誉公司（Fitch），国内较权威的主权信用评级公司为大公国际资信评估有限公司，本部分将对四大机构的评级指标及结果进行简要论述与分析。

一 "一带一路"沿线国家主权信用评级：标准普尔

标准普尔主要采用定性分析和定量分析相结合的评级方法，从一国宏观经济、国家财政、机构效率、外部平衡和货币政策五个方面选取指标对主权国家进行评级。其中，定量分析方法主要针对主权国家经济运行情况、国家财政情况等，定性分析方法主要针对主权国家的政治因素和政府行为等。

标准普尔的信用评级分为长期评级（五年以上）和短期评级（一年以内），其中长期评级分为投资级别和投机级别，从高到低依次是 AAA、AA、A、BBB、BB、B、CCC、CC、C 和 D，共 10 级[①]。标准普尔对"一带一路"沿线国家的主权信用评级结果详见附表 7 至附表 9。

二 "一带一路"沿线国家主权信用评级：穆迪

穆迪采用定量分析与定性分析相结合的评级方法，从宏观经济、国家财政、机构效率和应对突发事件的灵敏程度四个方面选取指标对主权国家进行评级。穆迪采取分步骤的评级方式：第一步是对主权国家的经济实力和制度实力进行评估，即通过构建多元化的指标

---

① Standard & Poor's, "Sovereign Government Rating Methodology and Assumptions", RatingsDirect, 2013.

体系测度一国的经济灵活性；第二步是对主权国家财务稳健性进行评估，即从政府的财政实力和政府对突发事件的敏感性两个方面来进行动态分析；第三步是基于以上两种评估结果，确定某一主权国家的信用评级。穆迪的信用评级分为长期和短期，其中长期评级分为 9 个等级，从高到低分别为 Aaa、Aa、A、Baa、Ba、B、Caa、Ca 和 C 级[①]。穆迪对"一带一路"沿线国家的主权信用评级结果详见附表 10 至附表 12。

三 "一带一路"沿线国家主权信用评级：惠誉

惠誉信用评级机构认为，主权信用风险是运用定量分析方法和定性分析方法对一国偿债能力和意愿的综合评定，某一国家经济运行情况将影响其偿债能力及意愿，进而影响主权国家信用评级。惠誉公司主要从结构性因素、宏观经济表现、公共财政和外部财政四个方面选取指标进行主权信用评级。惠誉的信用评级也分为长期和短期，长期评级分为 12 个等级，从高到低分别为 AAA、AA、A、BBB、BB、B、CCC、CC、C、DDD、DD 和 D 级[②]。惠誉对"一带一路"沿线国家的主权信用评级结果详见附表 13 至附表 15。

四 "一带一路"沿线国家主权信用评级：大公国际

大公国际信用评级是在考虑主权国家国情和经济发展情况的基础上，遵循信用评级的国际惯例，运用定量分析和定性分析、动态分析和静态分析相结合的方法，对主权国家债务偿付能力和偿债意愿进行评判的一般方法。大公国际的评级逻辑是针对特定的评级目标，逐步对偿债环境、财富创造能力、偿债来源与负债平衡进行分析，进而得到主权国家本币级别；在此基础上，通过外部风险调整得到主权国家外币级别。大公国际的信用评级分为 9 个等级，从高到低依次是 AAA、AA、A、BBB、BB、B、CCC、CC 和 C 级[③]。大

[①] Moody's Inverstor Servive, "Rating Methodology", 2019.
[②] FitchRatings, "Sovereign Rating Criteria", 2020.
[③] 大公国际资信评估有限公司：《大公国际主权信用评级方法》，2020 年 4 月 23 日。

公国际对"一带一路"沿线国家的主权信用评级结果详见附表16至附表18。

五 "一带一路"沿线国家主权信用评级结果分析

基于数据的可获得性和权威性原则，本部分以穆迪公司的评级结果展开分析。当前，全球经济衰退风险上升，逆全球化趋势加剧，区域地缘政治风险高企，大宗商品价格低位徘徊且波动明显，面对复杂且严峻的国内外经济环境，"一带一路"沿线国家经济下行风险上升，对各国财政稳健性及外部流动性形成巨大挑战。具体而言，"一带一路"沿线国家主权信用评级具有如下特征。

一是与非沿线国家相比，处于投资级别的沿线国家占全部沿线国家比重较高。如表2-1所示，在沿线国家中，有24个国家主权信用评级处于投资级别，占比为45.28%；29个国家信用评级处于投机级别，占比为54.72%；处于投资级别的沿线国家占比略高于非沿线国家，表明沿线国家主权信用风险整体略小于非沿线国家。

表2-1　　　沿线国家与非沿线国家主权信用评级比较　　单位：个、%

国家级别	沿线国家 国家数量	沿线国家 占比	非沿线国家 国家数量	非沿线国家 占比	全部样本 国家数量	全部样本 占比
投资级别	24	45.28	38	45.24	62	45.26
投机级别	29	54.72	46	54.76	75	54.74

资料来源：根据穆迪对"一带一路"沿线国家和非沿线国家主权信用评级结果计算而得。

二是各国主权信用风险存在较大差异。由于各国经济发展水平、财政状况与应对突发事件的能力存在显著差异，区域内主权信用风险差异明显。如表2-2所示，"一带一路"沿线国家中既有新加坡（Aaa级）、科威特（Aa2级）、阿联酋（Aa2级）这一类主权信用非常良好的国家，也有伊拉克（Caa1级）、黎巴嫩（C级）这一类高风险国家，评级结果横跨 16 个级别范围，表明不同国家主权债务违约风险存在较大差异。同时，即使在同一区位，不同国家之间的主权信用评级也存在明显差异，如在东南亚国家中，新加坡具有最高主权信用评级，而老挝的信用评级则为违约风险较高的 B3 级；又如在中东产油国中，伊拉克由于国内战乱等原因被评定为 Caa1 级，而卡塔尔则为 Aa3 级；中亚、西亚、南亚和中东欧等区域也存在较大的内部评级差距，各国之间的主权信用评级差距表明不同国家间存在较大的债务风险差异。

表 2-2　　　"一带一路"沿线国家主权信用评级情况

机构 国家	穆迪	标普	惠誉	大公国际
新加坡	Aaa	AAA	AAA	AAA
科威特	Aa2	AA-	AA	AA
阿联酋	Aa2	—	—	A
卡塔尔	Aa3	AA-	AA-	AA-
捷克	Aa3	AA	AA-	A+
以色列	A1	AA-	A+	A-
沙特阿拉伯	A1	A-	A	AA-
爱沙尼亚	A1	AA-	AA-	A
波兰	A2	A	A	A
斯洛伐克	A2	A+	A	—
马来西亚	A3	A	A-	A+
立陶宛	A3	A+	A	BBB+
拉脱维亚	A3	A+	A-	BBB-
泰国	Baa1	A-	BBB+	BBB
斯洛文尼亚	Baa1	AA-	A	—
印度尼西亚	Baa2	BBB	BBB	BBB-
菲律宾	Baa2	BBB+	BBB	BB
保加利亚	Baa2	BBB	BBB	BBB
阿曼	Baa3	BB-	BB+	A+

续表

机构\国家	穆迪	标普	惠誉	大公国际
印度	Baa3	BBB-	BBB-	BBB
哈萨克斯坦	Baa3	BBB-	BBB	BBB
俄罗斯	Baa3	BBB	BBB	A
匈牙利	Baa3	BBB	BBB	BBB
罗马尼亚	Baa3	BBB-	BBB-	BBB-
塞浦路斯	Ba2	BBB-	BBB-	—
格鲁吉亚	Ba2	BB	BB	BB-
阿塞拜疆	Ba2	BB+	BB+	—
克罗地亚	Ba2	BBB-	BBB-	BB+
越南	Ba3	BB	BB	B+
孟加拉国	Ba3	BB-	BB-	—
亚美尼亚	Ba3	—	BB-	—
塞尔维亚	Ba3	BB+	BB+	B+
土耳其	B1	BB-	BB-	BB
马其顿	—	BB-	BB+	—
约旦	B1	B+	BB-	B+
希腊	B1	BB	BB	CCC
乌兹别克斯坦	B1	BB-	BB-	BBB
阿尔巴尼亚	B1	B+	—	—
柬埔寨	B2	B	—	B
巴林	B2	B+	BB-	BBB
黑山	—	B+	—	—
伊朗	—	—	B+	—
埃及	B2	B	B+	B-
土库曼斯坦	B2	—	—	BBB+
吉尔吉斯斯坦	B2	—	—	—
乌克兰	B3	B	B	—
蒙古	B3	B	B	B
白俄罗斯	B3	B	B	BB
摩尔多瓦	B3	—	B	—

续表

机构 国家	穆迪	标普	惠誉	大公国际
波黑	B3	B	—	B
老挝	B3	—	B -	—
巴基斯坦	B3	B -	B -	B -
马尔代夫	B3	—	B	—
塔吉克斯坦	B3	B -	—	—
斯里兰卡	—	B -	B -	B +
伊拉克	Caa1	—	—	—
黎巴嫩	C	CC	CC	—

资料来源：Wind 数据库，大公国际评级公告，http：//www.dagongcredit.com/index.php? m = content&c = index&a = lists&catid = 88。

三是大多数沿线国家评级保持稳定或者评级提高。在沿线国家中，获得评级提高的国家有 12 个，占比为 24.5%；保持评级不变的国家有 30 个，占比为 61.2%，表明绝大多数沿线国家主权信用风险可控或者有所减少，仅有 7 个国家获得评级降低，分别是黎巴嫩、阿曼、印度、马尔代夫、土耳其、阿塞拜疆和约旦。

第三章 "债务陷阱论"的兴起、实质及应对

"一带一路"倡议旨在同沿线各国分享中国发展机遇，实现共同繁荣。自倡议实施以来，显著加强了区域经济政策协调和发展战略对接，促进了沿线国家协同联动发展。然而，有些西方国家对"一带一路"倡议多有质疑和意识形态攻击。自2017年年底以来，西方国家政客和主流媒体炮制或炒作所谓"债务陷阱""债务殖民"等议题，试图污名化"一带一路"倡议，破坏中国和沿线国家的关系，对"一带一路"建设的顺利推进造成了一定的负面影响。为推动共建"一带一路"高质量发展，应深刻剖析所谓"债务陷阱论"的兴起和实质，并积极应对其对倡议实施造成的挑战，增强沿线国家参与共建"一带一路"的信心，削弱中国企业对外投资合作面临的困难和阻力。

第一节 "债务陷阱论"的产生与传播

一 "债务陷阱论"的兴起

关于支持"债务陷阱论"的研究可以追溯到2016年5月，美国外交事务（Foreign Affairs）杂志网站发表的一篇题为《中国在斯里兰卡的投资：为什么与北京的交往要付出代价》的文章首次提出了"中国债务陷阱"的论述，该文章指出，中国基于自身的战略利益与斯里兰卡开展科伦坡港口城项目合作，加剧了斯里兰卡的债务

负担①。此后,"债务陷阱"成为部分西方国家政客、学者和智库攻击"一带一路"建设的武器。2017年1月,印度学者切拉尼发表的一篇题为《中国的债务陷阱外交》的文章指出,中国借助"一带一路"建设项目,向沿线发展中国家提供开展基础设施建设所需要的巨额贷款,贷款规模超过了这些国家的承受能力并使其陷入债务陷阱,不得不听从中国的安排,进而满足中国的政治意图②。2017年12月20日,切拉尼又发表了一篇题为《中国的债权帝国主义》的文章,他指出,中国近年来收购或投资建设包括斯里兰卡汉班托塔、希腊比雷埃夫斯、肯尼亚蒙巴萨等海上港口要冲,中国正在使"从阿根廷到纳米比亚再到老挝等许多国家陷入债务陷阱",并诬陷"一带一路"倡议本质上是一个旨在实现中国帝国主义的野心计划③。

此后,以《印度时报》为代表的印度媒体关于"债务陷阱论"进行了多篇报道,对"债务陷阱"这一不实言论的蔓延起到了推动作用。如对于2016年10月中国与孟加拉国签署政府间共建"一带一路"合作文件,双方在能源、铁路等领域开展了广泛合作,《印度时报》发表评论称:"来自中国的高息商业贷款会加剧孟加拉国对中国的资金依赖,进而使其像斯里兰卡一样陷入债务陷阱。"④ 又如对于2017年12月马尔代夫与中国签订自贸协定,《印度时报》发表文章称:"自由贸易协定是中国利用地缘经济谋取战略利益的手段之一,马尔代夫将成为又一个陷入'债务陷阱'的国家。"⑤ 综

---

① Smith, J. M., "China's Investments in Sri Lanka: Why Beijing's Bonds Come at a Price", Foreign Affairs, May 23, 2016.

② Chellaney, B., "China's Debt Trap Diplomacy", Project Syndicate, January 23, 2017, https://www.project-syndicate.org/commentary/china-one-belt-one-road-loans-debt-by-brahma-chellaney-2017-01.

③ Chellaney, B., "China's Creditor Imperialism", Project Syndicate, December 20, 2017.

④ Chaudhury, D. R., "Chinese Loans may Put Bangladesh in Debt Trap", The Economic Times, June 14, 2017.

⑤ Parashar, S., "China FTA Undermines Maldives' Sovereignty, Bad for Region: Former Prez Nasheed", The Times of India, December 3, 2017.

上所述,以切拉尼为代表的印度学者和《印度时报》等媒体就"债务陷阱论"展开了不实炒作,且炒作对象和内容从"担忧中国通过主权债务逼迫斯里兰卡交出具有战略意义的汉班托塔港"逐步扩散为巴基斯坦、孟加拉国、马尔代夫和尼泊尔等南亚国家的基础设施建设。

二 "债务陷阱论"的蔓延

自2017年年底以来,美国政客和主流媒体炮制或炒作所谓"债务陷阱""债务殖民"等议题,对"一带一路"建设加以抹黑攻击,并对"一带一路"建设的顺利推进造成了一定的负面影响。2017年10月,时任美国国务卿的蒂勒森指责中国的"一带一路"倡议是"掠夺经济学",该项目使很多国家陷入沉重的债务负担,而且也没有给当地带来就业和经济上的好处[1]。2018年8月,美国国会16位参议员联名要求阻止"一带一路"建设推进,向美国财政部长姆努钦和国务卿蓬佩奥致信,提出作为国际货币基金组织最大出资国,美国应该能够利用自身影响力,来确保国际货币基金组织的资金救助可以阻止"一带一路"项目继续下去,或是防止新的"一带一路"项目启动[2]。2018年10月,美国副总统彭斯在哈德逊研究所的演讲中专门提到中国对斯里兰卡的投资,指责中国利用"债务陷阱外交"获得汉班托塔港的经营权,"一带一路"倡议框架下推行大型基础设施项目,其中许多低质量项目给发展中国家带来了沉重的债务负担[3]。2018年11月19日,美国副总统彭斯在APEC首席执行官峰会的演讲中声称,中国利用"一带一路"建设向整个印度—太平洋地区及全世界更广泛地区的政府提供基础建设贷款,这些贷款条件"往往不透明"且他们所支持的项目"往往是不可持

---

[1] Tillerson, "China 'Predatory' for Dumping 'Enormous Levels of Debt' on Developing Nations", October 19, 2017.

[2] "Senators Signal Concerns over China's Global Investment", *The Wall Street Journal*, August 6, 2018.

[3] Pence, M., "Remarks by Vice President Pence at the 2018 APEC CEO Summit", November 16, 2018.

续且质量低劣的①。

除美国政客外，很多美国智库和媒体也基于债务视角对"一带一路"建设加以抹黑攻击。2018年3月，华盛顿全球发展中心发表题为《就债务视角审视"一带一路"倡议》的报告，认为"一带一路"倡议的实施可能增加沿线国家债务风险。以政府债务规模占GDP比重等指标开展的评估结果表明，在68个"一带一路"合作国家中，有23个国家面临债务风险，而马尔代夫、老挝、黑山、蒙古、塔吉克斯坦、巴基斯坦等8个国家可能陷入债务危机，其形成原因与中国的政策和做法、东道国的债务可持续性和债务管理等有关②。2018年5月，哈佛大学肯尼迪政府学院Parker和Chefitz撰写的研究报告《外交政策：中国新经济影响力的战略运用及其对美国外交政策的影响》中指出，中国利用"一带一路"建设项目向沿线国家政府提供超过其偿还能力的贷款，并利用这些无法按时偿还的债务攫取债务国的战略资源③。6月25日，《纽约时报》一篇题为《中国是如何蚕食斯里兰卡港口的？》的报道污蔑中国用债务陷阱令斯里兰卡将汉班托塔港拱手相让④。8月，《华盛顿邮报》刊发文章称，中国在全球设置债务陷阱彰显帝国野心⑤。9月，美国安全中心发布的题为《权力的游戏：应对中国"一带一路"战略》的研究报告指出，"一带一路"倡议是中国实施的权力游戏，很多"一带一路"建设项目偏离了现存的商业标准，如透明的投资程序等，使很

---

① Pence, M., "Remarks by Vice President Pence on the Administration's Policy toward China", The Hudson Institute, October 4, 2018.

② J. Hurley, S. Morris, G. Portelance, "Examining the Debt Implications of the Belt and Road Initiative from a Policy Perspective", Center for Global Development, 2018.

③ S. Parker, G. Chefitz, "Debtbook Diplomacy", HARVARD Kennedy School, 2018.

④ Maria A., "How China Got Sri Lanka to Cough up a Port?", *The New York Times*, June 25, 2018.

⑤ Pomfret, J., "China's Debt Traps around the World are a Trademark of Its Imperialist Ambitions", August 8, 2018.

多中国企业容易中标并赢得合同①。2019年2月，美国学者Kemel Toktomushev发表题为《"一带一路"倡议是在比哪个项目更大而无用吗》，指责中国企业在沿线国家开展"大而无用"的基础设施建设，使东道国政府债务负担加剧，并且不得不将这些项目的经营权转移给中国②。

随着所谓"债务陷阱论"的发酵与蔓延，其他西方国家也质疑"一带一路"建设。2018年1月，时任澳大利亚国际发展部部长的韦尔斯污蔑"一带一路"建设是在南太平洋岛国修建了"无用的建筑"，并使很多国家陷入了债务陷阱，甚至威胁到这些国家的主权③。面对这些错误的舆论导向，一些沿线国家出现了对中国利用"一带一路"推行"债务外交"的质疑。如2018年11月，马尔代夫新任总统萨利赫指责中国的投资令马尔代夫债台高筑，宣称国库已遭中国"洗劫"，国家陷入了债务危机。

综上所述，自2017年年底以来，"债务陷阱论"愈演愈烈，成为西方国家攻击"一带一路"建设的重要手段。为推动共建"一带一路"建设，亟须厘清所谓"债务陷阱论"的成因和实质，为提出应对之策提供依据和支撑。

第二节 "债务陷阱论"兴起的成因

一 西方国家巩固自身在全球治理体系中的主导地位

西方国家代言炒作"债务陷阱"，其实质是对"一带一路"建设深入推进和中国崛起产生了战略焦虑，进而通过大肆传播"债务

---

① D. Kliman, A. Grace, "Power Play Addressing China's Belt and Road Strategy", Center for a New American Security, 2018.

② Toktomushev, K., "The Belt and Road Initiative: The March of White Elephants?", CHINA US Focus, February 22, 2019.

③ Klan, A., "Pacific Nations Drowning in Chinese Debt", *The Australia*, January 28, 2018.

陷阱论"来阻挠"一带一路"建设,巩固其自身在全球政治经济治理体系中的主导地位。

如前文所述,所谓"债务陷阱论"由印度学者提出,并经由印度媒体、美国政客、智库和学者炒作、发酵,进而引发沿线国家对"一带一路"倡议的质疑。从全球层面来看,以美国为代表的西方国家炒作"债务陷阱论",并非真正关心沿线国家的政府债务问题,而是对"一带一路"深入推进和中国崛起感到焦虑,如特朗普政府在2017年年底发布的《国家安全战略报告》中指出,中国试图取代美国在印太地区的地位,扩大国家主导经济模式的影响范围,并根据自身意愿重塑地区秩序[1]。

从地区层面来看,印度也担心"一带一路"建设会影响其在南亚甚至整个亚洲范围内的权力地位,但由于缺乏反制手段,只能通过炒作"债务陷阱论"诋毁和阻挠"一带一路"建设[2]。事实上,个别沿线国家的债务问题由来已久,但没有引起西方发达国家和国际组织的高度关注。从根本上来看,西方国家将"一带一路"倡议看作传统地缘政治博弈的延续,以冲突对抗的冷战思维恶意推测和抹黑中国,挑拨中国和沿线国家之间的关系,更多的是关注其自身利益的得失,大肆炒作"债务陷阱论"也是为了巩固自身在全球政治经济治理体系中的主导地位。

二 个别沿线国家历史债务负担较重

自第二次世界大战以来,发展中国家的经济增长往往伴随着债务规模的快速扩张,负债率较高是很多发展中国家的普遍特征,这

---

[1] The White House, "National Security Strategy of the United States of America", https://www.whitehouse.gov/wp-content/uploads/2017/12/NSS-Final-12-18-2017-0905.pdf, December 2017.

[2] Bhadrakumar, M. K. "India Isolated by One Belt One Road Initiative", https://www.globalvillagespace.com/india-isolated-by-one-belt-one-road-initiative/, December 27, 2007.

并不是"一带一路"倡议实施以来出现的新局面①。一般来说，发展中国家在全球价值链体系中处于较低的位置，为了刺激经济高速增长，促进产业转型升级，很多发展中国家需要弥补资金缺口，导致国内信贷和外债规模扩张。例如，20世纪80—90年代部分发展中国家的债务风险引起了国际社会高度关注：一是巴西、阿根廷和墨西哥等拉美国家，其外债的主要债权人为西方商业银行；二是撒哈拉以南非洲的低收入国家，其外债的主要债权人为世界银行、国际货币基金组织等②。

当前，个别沿线国家面临政府债务问题，但其成因主要是历史债务，而并非新增债务，需要分清"一带一路"沿线国家政府债务的存量和流量。以备受关注的斯里兰卡为例，1990—2010年斯里兰卡中央政府债务占GDP比重一直处于90%—100%，2010年后下降至70%—80%；2017年，斯里兰卡中央政府债务占GDP比重为77.6%，高于大部分沿线国家③。上述数据表明，斯里兰卡确实面临较大的政府债务风险，其偿债能力较弱。究其原因，一是自2010年以来新增的短期外债造成了极大的偿债压力。统计数据显示，2018年年底斯里兰卡外汇储备总额为69亿美元，但2019—2022年到期的外债本金规模就高达50亿美元④。二是外债来源中商业贷款比重迅速上升，导致债务成本大幅增加。自2013年以来，受政府债务水平较高、财政状况较差等因素影响，斯里兰卡债务结构发生变化：商业借贷规模增加，优惠贷款占外债比重下降。⑤ 三是财政赤字、经常项目赤字导致高额外债，一方面，斯里兰卡税收收入较小，政府支出庞大，且长期借债需要支付高额利息；另一方面，斯

---

① 李若谷：《正确认识发展中国家的债务可持续问题》，《世界经济与政治》2007年第4期。
② Riley, S. P., "The Politics of Global Debt", Palgrave Macmillan UK, 1993.
③ 资料来源：世界银行世界发展指标数据库、斯里兰卡中央银行等。
④ Economist Intelligence Unit, "Country Report: India, Pakistan, Sri Lanka, Bangladesh", December 11, 2018.
⑤ Centra Bank of Sri Lanka, https://www.cbsl.gov.lk/.

里兰卡出口结构单一，主要为成衣、橡胶和茶叶出口，同时，纺织原料和机械严重依赖进口。"双赤字"的经济增长模式在短期内较难改变。

综上所述，斯里兰卡的高额债务源于"双赤字"的经济增长模式以及债务结构变化，而并非由"一带一路"建设造成。一是从斯里兰卡债务来源构成来看，根据斯里兰卡央行2017年度报告，在其外债总额500多亿美元中，主权债券占39%，亚洲开发银行债务占14%，日本占12%，世界银行占11%，中国仅占10%，而且60%以上中国贷款的利率远低于国际市场①，表明中方贷款并不构成斯里兰卡外债的主要负担。二是尽管随着"一带一路"建设和两国经济合作的不断深入，来自中国的贷款规模快速增长，但主要是以优惠贷款为主，具有利率低和还款年限较长的特点，并未造成斯里兰卡偿债压力显著增加。三是"一带一路"建设有助于推动当地经济发展，中国优惠贷款支持的项目建成后有助于推动其经济增长，增强偿债能力，提高债务的可持续性。

三 国际话语权"西强我弱"格局助推不实舆论大肆传播

西方国家能够肆意炒作"债务陷阱论"并引发沿线国家对"一带一路"建设的担忧，与其掌握国际话语权密不可分。尽管近年来我国国际话语权有了一定程度的提升，但是"西强我弱"的格局并没有发生实质性改变。

当前，我国外交部、商务部、发改委等政府部门对"债务陷阱论"的集中驳斥，中国驻外大使在所在国主流媒体的积极发声，以及中国学者关于沿线国家债务问题展开一系列深入研究等均为有益尝试。但我国构建"一带一路"话语权仍面临诸多挑战，在制造话题、回应质疑和引导舆论等多个方面仍处于落后地位。有学者在斯里兰卡开展问卷调查研究的结果显示，在关于"你认为斯里兰卡当前的债务危机是由中国导致的吗？"的问题中，39.2%受访者持

---

① Centra Bank of Sri Lanka, https://www.cbsl.gov.lk/.

"非常同意"和"同意"看法，40.1%持"不同意"和"强烈反对"看法，另有18%是"既不同意也不反对"。在关于"你担忧中斯汉港合作协议中的主权问题吗？"的问题中，40%的受访者选择"非常担心"，47.7%选择"有些担心"，选择"不怎么担心"和"一点都不担心"的仅有12.3%[①]。

综上所述，国际话语权"西强我弱"的格局为所谓"债务陷阱论"大肆传播创造了有利条件，我国在回应国际舆论对"一带一路"倡议的抹黑和对外政策的扭曲上略显乏力，导致"债务陷阱论"对"一带一路"建设产生了一定的负面影响，亟须针对"一带一路"重点项目开展深入的研究，运用权威数据或者案例来驳斥"债务陷阱论"，并进一步提高和加强我国国际话语权和对外传播能力，为树立大国形象，推动共建"一带一路"高质量发展提供有力支撑。

第三节 "债务陷阱论"对"一带一路"建设的破坏性影响

一 部分大型基础设施项目被暂缓或者重新作出规划

部分沿线国家内部对"一带一路"倡议下中国投资合作的态度存在分歧。支持者认为，"一带一路"倡议有助于搭建资金融通新渠道，推动铁路、港口、水利等重大基础设施项目建设；反对者认为，基础设施项目建设会加剧政府债务负担，且一旦债务无法偿还，甚至可能威胁国家主权。西方国家为"一带一路"倡议贴上的"债务陷阱""债务殖民"等标签进一步加剧了部分沿线国家对债务负担和国家主权的担忧，对中国企业参与重大基础设施项目建设的

---

① 王秋彬、李龙龙：《"中国债务陷阱论"的兴起及其实质》，《吉林大学社会科学学报》2020年第2期。

态度也更加谨慎。受债务问题困扰，一些沿线国家对中资项目进行了重新评估，一些大型项目的推进被暂缓，或者重新做出计划。例如，2015年年底中信联合体中标缅甸皎漂深水港项目，中缅双方在具体融资细节上未能达成一致。历经三年多的谈判和磋商，深水港项目的框架协议于2018年11月正式签署。但项目一期工程投资由最初的16亿美元下降至13亿美元，且中方对运营公司的出资比例由85%降至70%，缅方的出资比例由15%上升至30%，且需要在每一期工程结束后确认市场需求，在满足一定的商业条件后再继续进行下一期的开发。又如，巴基斯坦民粹主义总理伊姆兰·汗领导的新政府对中国投资似乎持更为谨慎的态度，基于对巴债务水平的担忧，已将卡拉奇—白沙瓦铁路升级改造项目的投资规模由80亿美元削减至20亿美元。再如，马哈蒂尔上任马来西亚总理以后，宣布取消中马合作的东海岸铁路计划。2019年年初，中马双方已就东海岸铁路计划重回谈判桌。但中国可能不得不缩减这一项目的规模与成本，以维护"一带一路"倡议在亚太地区其他国家的地位。

二 造成中国对东南亚地区的投资合作锐减

"一带一路"倡议实施以来，中国对沿线国家投资合作稳步发展。以对外承包工程为例，2015—2017年中国对沿线国家新签合同额年均增长24.8%，占中国对外承包工程新签合同额的比重由44.1%上升至54.4%，增长了10个百分点。但自2017年年底以来愈演愈烈的"债务陷阱论""债务殖民论"，对中国对沿线国家投资合作产生了一定的负面冲击。2018年中国在沿线国家新签合同额为1257.8亿美元，同比下降12.8%；占同期中国对外承包工程新签合同额的比重为52.0%，较上一年度下降了2.4个百分点（见图3-1）。据花旗银行的一份报告称，2018年中国对东南亚地区的大额投资（价值超过1亿美元的直接投资和承包工程合同额）降至192亿美元，同比下降49.7%，为4年来最低。2018年下半年中国对东盟国家投资的大型项目数量为12个，价值39亿美元，而2017年则是价值220亿美元的33个项目。2018年中国对印度尼西亚、马来西亚、菲律宾和新加坡的投资额仅为2017年的1/4，且泰国和越南没有新建项目。

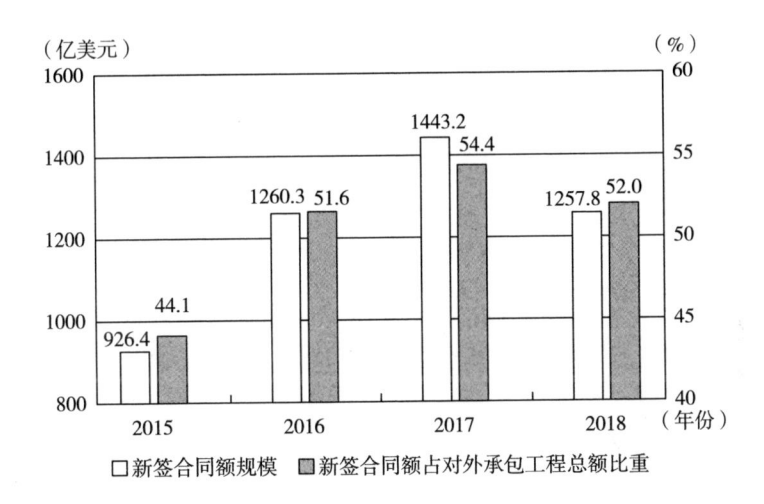

图 3-1　中国对"一带一路"沿线国家承包工程新签合同额及占比

资料来源：https://www.chinca.org/。

三　以债务问题为攻击点，阻挠"一带一路"建设深入推进

一直以来，西方国家对"一带一路"倡议多有质疑和意识形态攻击。随着单边主义、保护主义、民粹主义等逆全球化思潮抬头，债务问题成为部分西方国家进一步加大对"一带一路"倡议攻击力度的新武器。尤其是民粹主义时常沦为一些别有用心的政客牟利的工具，但其狭隘的短视、排外政策，与"一带一路"倡议所倡导的互联互通、共同发展相冲突，会使部分沿线国家消极参与"一带一路"建设。例如，受民粹主义等逆全球化思潮和外部挑唆的影响，吉尔吉斯斯坦出现"反对中国扩张集会"，个别势力通过炒作债务问题，煽动反华情绪，甚至杜撰出"对华负债规模居高不下，中国贷款被当权者侵吞、挪用，已经威胁到本国主权和领土完整"等不实消息。由于吉政府预算透明度不高，且缺乏完善的监管体制，这些具有政治意图的"反华"言论虽然歪曲事实，但仍然具有一定的

误导性，对当局威信、中吉两国关系和"一带一路"建设推进都将产生负面影响。

第四节 "一带一路"并非"债务陷阱"的依据

一 "一带一路"建设有助于弥补沿线国家基础设施建设资金缺口

（一）全球基础设施建设存在巨大的资金缺口

自2008年国际金融危机爆发以来，全球经济增长乏力、贸易和投资增速放缓。在此背景下，基础设施建设成为推动世界经济复苏新引擎，全球基础设施投资和建设进入增长期。经济合作与发展组织数据显示，2009—2016年全球主要国家交通基础设施投资由5374亿欧元上升到7448亿欧元，年均增速达6.7%，较2000—2008年提高了2.6个百分点，全球基础设施投资规模迅速扩大[1]。随着全球基础设施建设增速加快，很多国家尤其是发展中国家面临较大的资金缺口。亚洲开发银行报告显示，2016—2030年，亚洲主要新兴经济体每年基础设施投资需达到1.7万亿美元，才能满足维持经济增长、减少贫困和应对气候变化等需求[2]。然而，自2008年国际金融危机以来，世界各国债务负担加重，国际资本避险情绪增强，对基础设施投资的增速放缓，导致全球基础设施建设资金缺口持续增大。据亚洲基础设施投资银行预测，2015—2020年亚洲每年基础设施投资缺口达1.4万亿美元[3]；据联合国贸易和发展会议预测，2015—2030年发展中国家每年基础设施投资缺口达2.5万亿美元[4]；

---

[1] 资料来源：经济合作与发展组织的国际交通论坛（ITF）数据库。
[2] Asian Development Bank, "Meeting Asia's Infrastructure Needs", February, 2017.
[3] 《亚洲基建每年缺口1.4万亿美元 亚投行欢迎各类社会资本参与》，第一财经，https://www.yicai.com/news/5434661.html, 2018-06-26。
[4] UNCTAD, "World Investment Report 2014", UNITED NATIONS PUBLICATION 2014.

据20国集团全球基础设施中心发布的预测数据,到2040年,全球能源、电信、交通、水务基础设施建设投资缺口总额高达15万亿美元(详见附表19)。

当前,全球基础设施投资需求不断增长,资金供需缺口持续扩大,但私有资本参与基础设施投资的程度仍然较低。根据世界银行《私营部门参与基础设施投资数据库2019年度报告》显示,2019年全球私有资本对新兴市场和发展中国家基础设施的投资规模为967亿美元,仅高于2016年的768亿美元,处于过去10年来的第二低水平,私有资本占所有项目投融资的比重为31%[1]。"一带一路"沿线国家基础设施建设也存在资金多元化程度低、国际私有资本参与不足等问题。究其原因,"一带一路"沿线国家营商环境欠佳、金融体系不健全、主权信用评级分化明显等因素制约国际私有资本参与基础设施建设[2]。为此,很多沿线国家希望通过参与"一带一路"倡议来获得发展资金和贷款,柬埔寨首相洪森在日本举行的亚洲未来会议上表示,担心柬埔寨陷入"债务陷阱"是多余的,中国贷款利息低、风险低、不会威胁国家主权,柬埔寨会根据项目需要进行借款[3]。

(二)"一带一路"倡议实施以来基础设施建设成效显著

基础设施互联互通是"一带一路"倡议的一项重要内容,随着倡议的深入推进以及亚洲基础设施投资银行、丝路基金、金砖国家新开发银行等多边投资机构的设立,将有力地弥补沿线国家基础设施建设缺口,为全球基础设施建设注入新动能,进一步提升全球基础设施互联互通水平。

一是多渠道加大对外援助力度,加强对"一带一路"沿线国家基础设施建设的金融支持。2013—2019年,中国与沿线国家货物贸

---

[1] World Bank,"Private Participation in Infrastructure(PP1)2019 Annuak Report",2020,https://ppi.worldbank.org/en/ppi.
[2] 关于"一带一路"沿线国家营商环境、金融体系等指标详见附表20至附表22。
[3] "Cambodia PM Dismisses Fears of Chinese Debt Trap",The STAR,May 30,2019.

易累计总额超过了 7.8 万亿美元，对沿线国家直接投资超过 1100 亿美元，新签承包工程合同额接近 8000 亿美元，一大批重大项目和产业园区相继落地见效①；2013—2018 年，国家开发银行已向沿线国家项目建设累计发放各类贷款超过 1800 亿美元，重点支持了基础设施的互联互通、能源资源和民生领域②；截至 2019 年第一季度，中国进出口银行支持"一带一路"建设执行中项目超过 1800 个，贷款余额超过 1 万亿元③；截至 2019 年 6 月底，中国出口信用保险公司在共建国家累计实现保额约 7704 亿美元，支付赔款约 28.7 亿美元；丝路基金实际出资额近 100 亿美元；人民币跨境支付系统（CIPS）业务范围已覆盖 60 多个共建国家和地区④。

二是围绕推动构建长期、稳定、可持续、风险可控的多元化融资体系，中国设立了丝路基金，发起成立了亚洲基础设施投资银行，为"一带一路"基础设施等合作提供稳定、透明、高质量的资金支持。2014 年我国出资 400 亿美元设立了丝路基金，2017 年首届"一带一路"国际合作高峰论坛上宣布增资 1000 亿元，截至 2019 年年底，丝路基金通过股权、债权等方式多元化融资，目前已签约 34 个项目，承诺投资金额约 123 亿美元⑤。2016 年，我国发起建立亚洲基础设施投资银行（以下简称"亚投行"），截至 2019 年 1 月，亚投行累计批准贷款 75 亿美元，累计批准项目投资 75 亿多美元，涉及 13 个国家，覆盖交通、能源、电信、城市发展等多个领域⑥。

---

① 商务部：《6 年时间中国与"一带一路"沿线国家货物贸易总额已超 7.8 万亿美元》，2020-5-19，http：//www.mofcom.gov.cn/article/i/jyjl/e/202005/20200502966315.shtml。

② 国开行首席经济学家刘勇：《"一带一路"五年，国开行累计发放贷款 1800 多亿美元》，经济观察网，2018-09-15，http：//www.eeo.com.cn/2018/0915/337099.shtml。

③ 《进出口银行"一带一路"贷款余额已超万亿元》，新华网，2019-04-18，http：//www.xinhuanet.com//2019-04/18/c_1124385705.htm。

④ 《如椽巨笔写华章——"一带一路"建设 6 年来取得丰硕成果》，《经济日报》2019 年 9 月 10 日，http：//paper.ce.cn/jjrb/html/2019-09/08/content_400303.htm。

⑤ 《已签约 34 个项目承诺投资金额约 123 亿美元》，中国新闻网，2019-11-04，http：//www.chinanews.com/cj/2019/11-04/8998057.shtml。

⑥ 《亚投行开业 3 年来：成员数量已从 57 个增至 93 个》，中国产业经济信息网，2019-01-16，http：//www.cinic.org.cn/xw/szxw/468517.html。

三是一批标志性的基础设施建设项目取得实质性的进展。"一带一路"是各国参与、互利共赢的公共产品,致力于加强互联互通、文化交流以及知识共享,通过加强不同地区间的公路、铁路、海上运输网络来促进贸易与合作。当前,中巴经济走廊建设进展顺利;中老、中泰、匈塞铁路建设顺利推进;亚湾高铁部分路段已经开工建设;泛亚铁路的东线、巴基斯坦一号铁路干线升级改造;中吉乌铁路等项目正积极推进前期研究;中国尼泊尔跨境铁路已完成意义可行性研究;瓜达尔港已具备全作业能力;汉班托塔港二期工程竣工;科伦坡港口城项目施工进度过半;比雷埃夫斯港建成重要的中转枢纽[①]。以铁路、公路、航运、航空、管道、空间综合信息网络等为核心的全方位、多层次、复合型基础设施网络正在加速形成,区域间的商品、资金、信息、技术等交易成本大幅降低,有力地促进了跨区域的资源要素的有序流动和优化配置,实现了互利合作、共赢发展。

二 "一带一路"建设有助于推动沿线国家经济发展

"一带一路"建设旨在为实现共同繁荣和可持续发展创造便利条件。一直以来,中国明确坚持"一带一路"倡议不附加任何政治条件,为沿线国家在倡议框架下加强基础设施建设,并推动当地经济发展注入了强大动力。基础设施建设水平是影响一国经济增长的重要因素之一,中国的发展实践充分佐证了这一观点。部分沿线国家经济发展和基础设施建设水平落后,"一带一路"建设项目和中国投资有助于改善沿线国家基础设施建设,带动经济发展。通常情况下,基础设施投资周期长,而"一带一路"建设更注重长期利益。如中国招商局控股港口有限公司是按照"深圳蛇口"模式打造汉班托塔港,致力于通过港口建设带动工业园区发展,进而带动汉

---

① 国家发改委:《"一带一路"五年来取得六方面成效》,中国一带一路网,2018-08-09,https://www.yidaiyilu.gov.cn/xwzx/gnxw/62327.htm。关于"一带一路"倡议实施以来在沿线国家开展的基础设施建设项目详见附表23。

班托塔地区发展①。

现有研究也大多肯定了"一带一路"建设对于沿线国家基础设施及经济增长的正向推动作用。世界银行的一份研究报告表明，"一带一路"交通基础设施项目实施使沿线国家 GDP 增长率提高了 3.4 个百分点，并且具有明显的溢出效应，可以促进全球 GDP 增长率提高 2.9 个百分点②。世界银行的另一份研究报告《"一带一路"经济学：交通走廊的机遇与风险》指出，"一带一路"注入交通领域的投资能够促进参与国和全球经济发展。具体而言，一是"一带一路"建设中的交通基础设施项目有助于降低贸易成本，铁路、公路和港口等项目建设可以打造新的互联互通网络并提高网络密度；二是"一带一路"倡议能够缩短沿线国家的运输时间，与世界其他地区相比，沿线国家的平均运输时间可缩短 3.2%，如基础设施项目竣工并投入运营后，中国—中亚—西亚经济走廊沿线国家之间的运输时间将从"一带一路"倡议实施之前的 15 天缩短至 13 天，运输时间的缩短有助于降低贸易成本；若"一带一路"倡议框架下计划的交通基础设施全部运行，沿线国家与世界其他国家或地区的贸易总成本将平均下降 2.8%，沿线国家之间的贸易成本下降幅度更大，如中国—中亚—西亚经济走廊沿线的贸易成本将降低 10%③。Chen 和 Lin（2018）的研究结果表明，"一带一路"的交通基础设施建设将使流入"一带一路"沿线国家的直接投资规模增加

---

① 《"一带一路"倡议的先行者："蛇口模式"全球化复制》，《21 世纪经济报道》，2017 年 12 月 21 日，https://m.21jingji.com/article/20171221/a175941abe1dd66e77970b8794f5d92f.html。

② F. M. M. R. De Soyres, A. Mulabdic, M. Ruta, "Common Transport Infrastructure: A Quantitative Model and Estimates from the Belt and Road Initiative", Policy Research Working Paper Series, 2019.

③ 世界银行：《"一带一路"经济学：交通走廊发展机遇与风险》，2019-06，https://openknowledge.worldbank.org/bitstream/handle/10986/31878/211392CH.pdf?sequence=8&isAllowed=y。

5.0%①。Maliszewska 和 van der Mensbrugghe（2019）基于可计算一般均衡模型的计算结果表明，"一带一路"的交通基础设施建设可以使沿线国家 GDP 增加 1.2%，非沿线国家的 GDP 增加 0.3%。就单一国家而言，贸易成本降低引起的资源重新配置，有助于提高生产率、扩大出口并促进经济增长，其中，巴基斯坦（10.5%）、吉尔吉斯斯坦（10.4%）、泰国（8.2%）、马来西亚（7.7%）、孟加拉国（6.9%）、柬埔寨（5.0%）、土耳其（3.6%）、老挝（3.1%）等国的 GDP 增速较大②。

三 大多数沿线国家政府债务具有可持续性

2019 年 4 月，国际金融论坛（IFF）发布了《IFF 中国报告 2019》，其内容涵盖了针对部分沿线国家中央银行就"一带一路"战略的调研报告。调查结果显示，参与调查的 28 家中央银行一致认为"一带一路"倡议是促进经济全球化的重要手段，并普遍认为"一带一路"建设并没有增加沿线国家债务负担和压力；86% 的受访者认为，本国与"一带一路"倡议实施相关的债务是可持续的；仅有 14% 的受访者认为其所在国与"一带一路"倡议实施相关的债务不具有可持续性。一家发展中经济体的中央银行表示："我们正在寻求长期资金来源，以帮助解决基础设施和发展需求，在此方面，我们希望得到中国的进一步支持。"③

此外，也有少数西方国家媒体或者智库抨击"债务陷阱论"。如美国《外交政策》刊发文章称：西方媒体总基于"债务陷阱外交"等负面论调来报道"一带一路"，但这种批评论调与沿线国家国内情绪形成鲜明对比，"一带一路"项目满足了东道国的实际需

---

① M. Chen, C. Lin, "Foreign Investment across the Belt and Road: Patterns, Determinants and Effects", Policy Research Working Paper 8607, World Bank, Washington, DC, 2018.

② M. Maliszewska, D. van der Mensbrugghe, "The Belt and Road Initiative: Macro and Sectoral Impacts", Policy Research Working Paper WPS 8814, World Bank, Washington, DC, 2019.

③ 国际金融论坛（IFF）：《一带一路 2019 调查报告》，2019。

求,中国是"一带一路"倡议的提出者,但参与该倡议的国家并不是被动和不知情的接收者,实际上对于这些国家需要融资的项目,中国往往是最便利的贷款方①。

四 中国并非高债务风险沿线国家的主要债权人

从一些备受争议的沿线国家来看,中国并非高债务风险沿线国家的主要债权人。如根据斯里兰卡央行统计,2017年来自中国的贷款仅占斯里兰卡外债余额的10%左右,其中61.5%是低于国际市场利率的优惠贷款;中国贷款占巴基斯坦外债余额的比重为10.0%,且优惠贷款利率约为2.0%,远低于西方国家提供的贷款;中国贷款占菲律宾外债余额的比重为1.0%,中国贷款占有关国家外债余额的比重总体并不高②。

同时,中国一直积极履行大国责任,与"一带一路"沿线国家的债务问题大多是通过展期或直接免除的方式来解决的,只有在极个别情况下,中国才会在与债务国进行充分沟通的前提下收回抵押资产。《中国债务免除分析报告》中指出,2000—2018年中国共免除他国债务98亿美元;1998—2015年,中国对重债穷国的双边债务免除额为17.28亿美元,与美国(23.28亿美元)和德国(21.89亿美元)的债务免除金额相近③。美国智库荣鼎咨询(Rhodium Group)的数据显示,根据中国与参与"一带一路"建设国家的部分债务协定,仅有1个项目的协商结果是由中方收回抵押资产,涉及金额约11亿美元,占所有已披露的债务协商总额的2.2%(详见附表24)。当前,为应对新冠肺炎疫情对发展中国家经济发展的冲击,中国还积极参与并落实二十国集团"暂缓最贫困国家债务偿付倡议",已经宣布

---

① Mardell, J., "China's Belt and Road Partners aren't Fools", Foreign Policy, 2019.
② 《1%债务被夸大成"中国债务陷阱" 外交部连用三组数据回击》,《经济日报》2018年8月31日。
③ 资料来源:Development Reimagined & Oxford China Africa Consultancy:《中国债务免除分析报告》,2019。

向77个发展中国家和地区暂停债务偿还①。

第五节 "债务陷阱论"的应对之策

一 持续高度重视"一带一路"项目债务可持续性

"一带一路"沿线国家在外债水平、基础设施、与中国经贸关系、意识形态、发展潜力等方面存在诸多差异。因此，应全面了解沿线国家区位优势与战略导向，以"一国一策"为突破口，提出兼顾中国企业对外投资合作顺利开展与沿线国家政府债务削减的方案与对策。

首先，深入开展"一带一路"沿线国家国别投资环境研究，提高项目投资决策的科学性，优先选择与中国政治互信牢固、合作基础扎实、发展前景巨大的国家或地区，尤其要注重推进"一带一路"建设与东道国发展战略或者区域战略充分结合。

其次，继续高度重视"一带一路"项目债务可持续性，以不增加或者削减沿线国家债务负担为前提开展重大基础设施项目建设，鼓励和支持沿线国家评估拟建项目的成本与预期收益；针对"一带一路"沿线低收入国家的发展水平和现实需求，为提升沿线国家债务管理能力提供助力。

最后，建立满足"一带一路"建设需要的人才培养和学术交流机制，加快培养和储备一批具有国际视野、通晓国际规则的区域和国别问题研究人才，为实现"一国一策"提供智力支持。

二 优化对外援助制度和债务免除制度

"一带一路"建设是一项长期建设，许多项目涉及交通、能源、公用事业等基础设施建设领域，项目资金需求巨大，且需要可持续

---

① 外交部：《向77个发展中国家和地区暂停债务偿还》，人民网，2020-06-07，http://politics.people.com.cn/n1/2020/0607/c1001-31737939.html。

性的资金支持。同时，部分"一带一路"沿线国家经济发展水平低，外债比重较高且偿债能力薄弱。

因此，为深入推进"一带一路"建设，通过资金融通、设施联通实现互利共赢、共同发展，一是需要树立中国负责任的大国形象，根据国家整体战略需要和受援国需要，加大对"一带一路"沿线国家的援助力度；二是有针对性地选择援助对象和援助领域，引导援助资金流向重大基础设施建设项目，充分发挥其对受援国经济发展的辐射效应；三是探索完善债务减免制度，建立债务减免动态评估机制，进一步扩大债务减免的对象和范围；四是充分发挥国家国际发展合作署的职能作用，促进我国援外事业的专业化和透明化，加快实现对项目方和项目款使用的有效监督，提高对外援助的效率和效益。

三 提高沿线国家和第三国参与"一带一路"建设积极性

"一带一路"建设取得了令人瞩目的成绩，中欧班列、印度尼西亚雅万高铁项目、希腊比雷埃夫斯港、巴基斯坦瓜达尔港、巴基斯坦卡洛特水电站项目、中缅油气管道项目、中国—白俄罗斯工业园、丝路书香工程、霍尔果斯国际边境合作中心等一批有影响力的标志性项目逐步落地。基础设施建设、工业、人文、国际边境合作等各类项目遍地开花，对于"一带一路"沿线国家经济发展、基础设施建设等具有重要的推动作用。目前，已落地的"一带一路"重大工程项目的示范效应不够，存在项目投资效果并未得到充分显现，全方位、立体化、多层次国际舆论引导体系缺失，国际话语权构建滞后等问题。因此，应在"一带一路"建设中讲好中国故事，发出中国声音，找到各方利益会合点，促进"一带一路"沿线国家和国际社会的理解和认识。

一是加快构建高质量的"一带一路"项目动态评估指标体系，准确评估重大标志性工程对东道国发挥的正向经济效应，充分发挥已落地项目的示范带动作用，为进一步开展重大项目建设提供可复制、可推广的经验。

二是加强新时代"一带一路"话语权建设，建构多主体、多层次的国际舆论生态，切实推进"一带一路"对外宣传与国际舆论引导建设步伐，有力回击部分国际舆论对"一带一路"建设和中国企业国际形象的无端质疑，实现东道国疑虑的彻底消除。

三是以开放为导向，构建多方共同参与的大格局，加快推进第三方市场合作，充分发挥中法、中日第三方市场合作项目、中国"丝路基金"与欧洲投资开放银行建立的第三方合作市场基金的引导和带动作用，找准发达经济体参与"一带一路"建设的突破口，进一步扩大参与国范围和合作领域。

四是加强对"一带一路"沿线国家的国别民情、舆情的分析研究，增加相互信任，夯实"一带一路"建设的社会根基和民意基础，削弱外部势力挑拨的影响力。

四 打造深层次、全方位的风险保障体系

习近平总书记指出，要高度重视境外风险防范，完善安全风险防范体系，全面提高境外安全保障和应对风险能力。6年多来，保险业从风险保障、资金融通和出口信用强化等方面为"一带一路"倡议的有序推进做出了重要贡献。新形势下，应进一步加快推动保险业互联互通，提高保险业服务"一带一路"建设的运行效率和保障水平。

首先，提升保险产品创新研发力度，优化保险产品和服务供给，围绕基础设施互联互通、国际产能合作和经贸产业园区等重点领域，充分发挥中资保险公司为"一带一路"建设提供风险保障、资金支持和风险管理咨询等重要作用。

其次，在积极以政策性保险为主导的同时，也要加强对商业性保险运用的引导，采取政策性扶持与商业化运作相结合的模式，逐步构建主体多元、竞争适度的全方位保障体系。

再次，在有条件的沿线国家，加强中资保险公司与当地保险公司合作，并主动与大型跨国保险公司组建战略联盟，既有助于满足东道国的保险需求，也可以削弱对中资保险公司占主导产生的

弊端。

又次，建立健全与"一带一路"沿线国家的长效化政策沟通机制和全方位政策沟通平台，密切关注其监管规定和法律法规的变化，探索与"一带一路"沿线国家在风险监管标准和准入政策方面实现对接，为中资保险企业在当地设立分支机构争取"国民待遇"。

最后，积极参与全球金融治理，为"一带一路"倡议下投资合作提供制度化安排，加快实现中资保险公司从规则的跟随者向引领者、制定者转变，提升中资保险公司的国际话语权和国际风险标准规则的制定权。

五 降低"一带一路"建设对中国资金的依赖度

"一带一路"建设覆盖国家多、项目资金需求量大，且基础设施建设项目回收周期长，传统放贷模式易造成期限错配、长期建设资金供给不足的问题，资金供给机制亟待优化。因此，应加快建立多元化、市场化融资机制，弥补"一带一路"建设的巨大资金缺口。

一是加强顶层设计，构建与"一带一路"建设相适应的金融制度安排，完善与细化《"一带一路"融资指导原则》，针对东道国金融市场的发育程度，设计差异化的融资实施细则，为有效促进"一带一路"资金融通提供有力支撑。

二是培育和发展多元化、市场化的融资主体，拓宽基础设施项目直接融资渠道，探索"一带一路"资本市场合作新路径，协助培育沿线国家金融市场，吸引国际资本共同参与"一带一路"建设，降低"一带一路"建设对中国资金的依赖度。

三是着力完善"一带一路"债券发行机制，鼓励以"一带一路"债券为依托，发展"一带一路"绿色债券、"一带一路"可续期债券等债券品种，强化发行人信息披露和后续监测，推进投资者保护机制建设。

第四章　发展中国家应对债务问题的比较与启示

为了防范和应对政府债务问题，许多国家都根据不同情况采取了相应的对策和措施。发展中国家的应对经验为"一带一路"沿线国家解决债务问题提供了有益的借鉴。为此，此部分将从20世纪80年代拉丁美洲国家债务危机、1997年亚洲金融危机期间发展中国家债务风险、2009年国际金融危机期间发展中国家债务风险三个方面进行梳理和回顾，为"一带一路"沿线国家加强债务管理提供参考与启示。

第一节　20世纪80年代拉丁美洲国家债务危机

第二次世界大战以后，拉美国家由出口推动的第一次工业化成效并不显著，很多国家开始实行进口替代战略，并取得了经济持续高速增长。1950—1980年近三十年的时间里，拉美国家年均GDP增速为5.6%，1980年拉美国家人均GDP为2288美元，位居发展中国家前列，人均预期寿命从1950—1955年的52岁提高到20世纪80年代初的65岁，15岁以上人口文盲率从20世纪50年代初的44%下降至20世纪80年代初的23%，创造了举世瞩目的"拉美奇迹"[1]。但自

---

[1] 资料来源：世界银行世界经济指标数据库。

20世纪80年代末期起,世界经济普遍萧条,拉美国家经济发展也暴露出结构性弊端。1981年,拉美地区经济增速仅为1.5%,1982年又出现了半个世纪以来的首次负增长,增长率为-0.9%[①]。与此同时,拉美国家为了弥补资金缺口,大量举借外债,导致外债规模大幅扩张,并最终爆发债务危机,这次危机也给拉美国家经济发展带来了沉重的打击和深远的影响。

一 20世纪80年代拉美国家债务危机的特征

(一)债务规模急剧扩张

从绝对规模来看,1970年拉美国家外债总额为300.2亿美元,1982年上升至3099.0亿美元,约为1970年的10.3倍(见图4-1)。从主要拉美国家来看,1970—1982年各国外债规模增长迅猛,其中委内瑞拉1982年外债总额为1970年的21.5倍,其次是巴西和墨西哥,分别为15.8倍和12.2倍,阿根廷、哥伦比亚和秘鲁1982年的外债总额也分别为1970年的7.4倍、4.5倍和3.3倍。

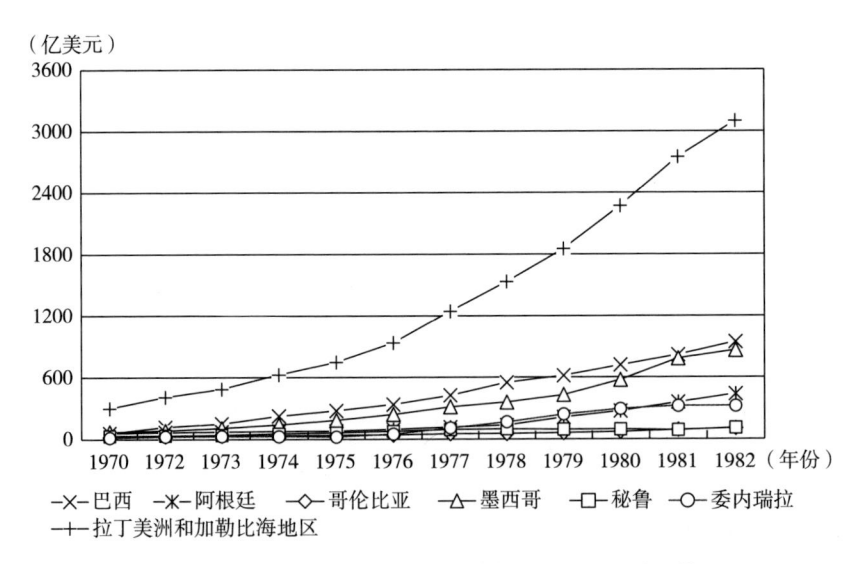

图4-1 1970—1982年主要拉美国家外债绝对规模

资料来源:世界银行世界发展指标数据库。

---

① 尤安山:《拉美债务危机:原因及对策》,《拉丁美洲研究》1986年第1期。

从相对规模来看，1970年拉美国家外债总额占GDP比重为19.3%，1982年上升至40.4%，约为1970年的2.1倍（见图4-2）。主要拉美国家外债总额占GDP比重总体呈上升趋势，不同国家的上涨幅度存在差异，其中，巴西外债总额占GDP比重由1970年的14.1%上升至1982年的33.5%；阿根廷外债总额占GDP比重由1970年的18.7%上升至1982年的51.9%；墨西哥外债总额占GDP比重由1970年的20.0%上升至1982年的46.7%；秘鲁外债总额占GDP比重由1970年的44.4%上升至1982年的49.9%；委内瑞拉外债总额占GDP比重由1970年的12.9%上升至1982年的47.5%；仅哥伦比亚外债总额占GDP比重由1970年的32.5%下降至1982年的27.0%。

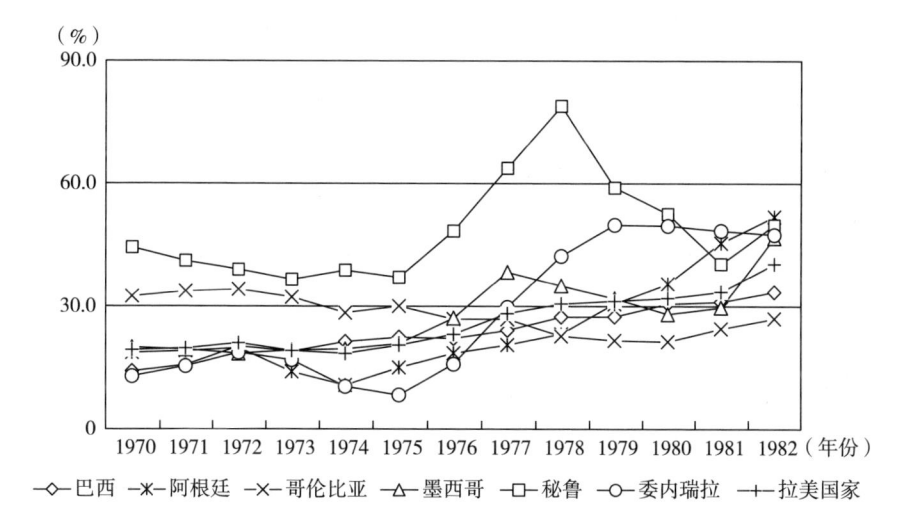

图4-2 1970—1982年主要拉美国家外债相对规模

资料来源：世界银行世界发展指标数据库。

（二）短期外债占债务总额的比重大幅上升

从债务结构来看，拉美国家短期外债在1976—1982年大幅提高。从图4-3可以看出，1976年拉美国家短期外债占出口收入比重为23.5%，这一指标在1982年上升至83.4%，是1976年的3.5倍。主要拉美国家的数据也佐证了这一事实。阿根廷短期外债占出口收入比重由1976年的21.7%跃升至1982年的169.4%；委内瑞拉短期外债占出口收入比重由1976年的15.7%跃升至1982年的73.1%；巴西短期外债占出口收入比重由1976年的35.8%跃升至1982年的74.5%；哥伦比亚短期外债占出口收入比重由1976年的37.3%跃升至1982年的62.8%。

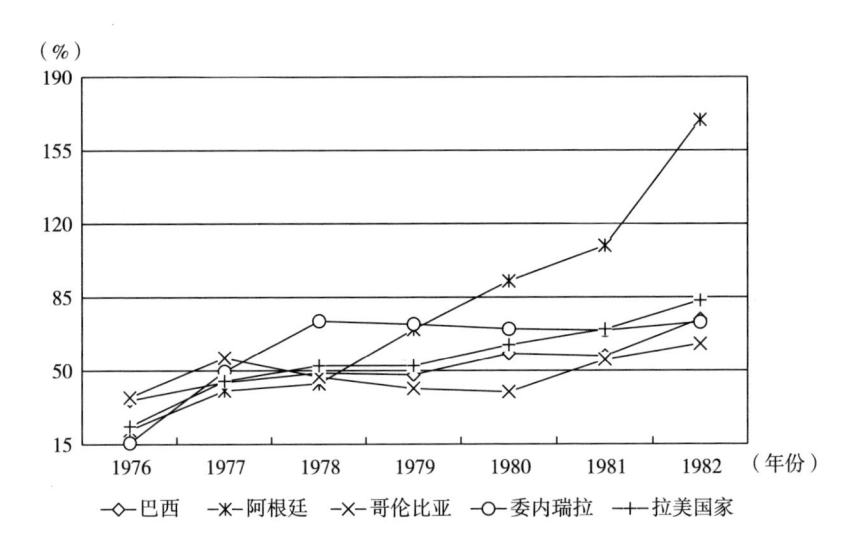

图4-3 拉美国家短期外债占出口收入比重

资料来源：世界银行世界发展指标数据库。

（三）来自金融机构、商业银行的外债比重增加

这一时期拉美国家偿债能力大幅削减，为了能够按时还本付息，很多拉美国家不得不向金融机构、商业银行等举借债务。与双边或者多边政府优惠贷款相比，私人外债具有利率高、偿还期限短等特征。统计数据表明，20世纪70年代拉美国家私人外债占外债总额的比例为16%，20世纪80年代这一指标跃升至80%，债务结构的

恶化进一步加剧了拉美国家的债务负担①。

(四) 国际收支状况恶化

拉美国家经济结构较为单一,石油、铁矿石等初级产品出口占GDP比重较大,导致其国际收支受大宗商品交易价格的影响较大。20 世纪 80 年代初期,由于很多拉美国家贸易顺差缩小甚至出现贸易逆差,导致外汇储备规模持续降低。从图 4-4 中可以看出,在 1975—1982 年间,巴西、阿根廷和墨西哥三国的外汇储备规模均呈现出先上升后下降趋势,1982 年巴西外汇储备为 3997.4 亿美元,仅为 1978 年的 1/3;1982 年阿根廷外汇储备为 4504.0 亿美元,仅为 1979 年的 38.7%;1982 年墨西哥外汇储备为 1777.6 亿美元,较 1981 年下降了 3193.7 亿美元。受到外汇储备大幅削减等因素影响,1982 年 8 月墨西哥政府宣布声明该国无法按期履行偿债义务,标志着 20 世纪 80 年代拉美国家债务危机爆发。此后,巴西、秘鲁等国先后宣布延长外债偿还期限,很多拉美国家陷入了严重的债务危机。

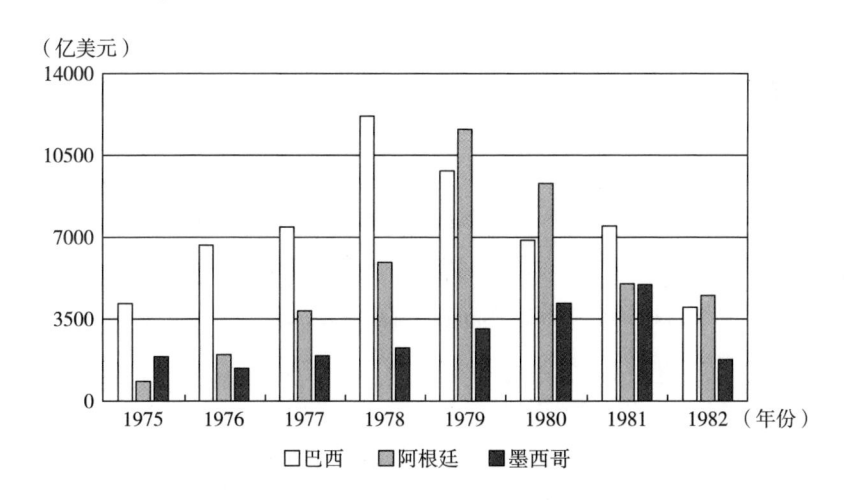

图 4-4 主要拉美国家外汇储备规模

资料来源:世界银行世界发展指标数据库。

---

① 齐楚:《拉美国家的债务危机》,《现代国际关系》1983 年第 5 期。

二 20世纪80年代拉美国家债务危机的成因

（一）内部因素

第一，不合理的经济发展目标、大规模举借外债是危机爆发的根本原因。近几个世纪以来，拉美国家遭受殖民主义者的压迫和剥削，经济发展水平低下，产业结构单一。在获得政治独立以后，拉美国家仍然没有摆脱对发达国家的经济依附。第二次世界大战后初期，很多拉美国家的经济发展水平仍然较为落后。例如，1947年墨西哥第二产业占GDP比重仅为19.8%，智利为17.3%[①]。很多拉美国家接受了拉美经委会的发展主义理论，并据此来制定经济政策和发展规划。一方面，拉美各国自20世纪50年代起推行进口替代工业化战略，普遍实行高度的贸易保护主义；另一方面，阿根廷、巴西和墨西哥等国自20世纪60年代中期起推行由进口替代和面向出口并重逐步转向面向出口的发展战略。

在20世纪五六十年代拉美国家的国内外经济环境中，上述发展战略对拉美国家经济发展起到了重要的推动作用，但也形成了诸多弊端，为爆发严重的债务危机埋下隐患。墨西哥、巴西等很多拉美国家制定了与自身经济发展水平不相适应的发展目标，大量投资计划需要通过举借外债来实现。例如，墨西哥在1977—1982年发展规划中提出，这一时期年均GDP增速目标为8%，就业率年均增速目标为4.2%，公共投资年增长率目标为14%；巴西1981—1985年的发展规划中围绕能源、采矿、运输、通信、钢铁等行业制订了庞大的投资计划，投资金额累计高达3720亿美元，但57.5%的资金需要依靠举借外债。

统计数据显示，按照1980年美元不变价计算，1960—1980年拉美国家GDP和国内总储蓄仅增加2倍，而总投资增加了2.9倍[②]。由于国内资金无法满足巨额投资产生的资金缺口，拉美国家只能依

[①] 塞尔索·富尔塔多：《拉丁美洲经济的发展》，上海译文出版社1981年版。
[②] 张森根、吴国平：《当前拉丁美洲经济恶化的根源及展望》，《拉丁美洲丛刊》1984年第1期。

靠外部资金来实现高投资、高增长的发展目标，1977—1981 年拉美国家外债年均增长率高达 20%[①]。综上所述，由于很多拉美国家制订了庞大的经济发展计划，试图大力发展基础设施建设，并无节制地举借外债，大大加剧了债务风险。

第二，国内经济政策不合理导致债务问题恶化为债务危机。拉美国家经济形势恶化与进口、汇率、金融政策不合理也存在很大的相关性。

一是通过降低关税、放松进口管制、设立自由贸易区等途径盲目扩大进口，导致拉美国家贸易逆差和国际收支赤字大幅增加。

二是外汇管理制度不够完善，国内利率较低，导致很多拉美国家在举借外债的同时，大量本国资金外逃。自 1982 年 6 月起，拉美国家纷纷降低汇兑率，以保障出口规模和增加外汇收入，但由于政策出台较晚已经无法扭转陷入债务危机的局面。

三是应对国际金融市场变化的能力有限，没有及时调整借贷政策。1981 年国际货币市场利率明显上升，但很多拉美国家仍然大量举借外债。当 1982 年国际石油价格下降，利率持续上升时，拉美国家损失惨重。

四是很多拉美国家通过扩张性财政政策来刺激经济增长，导致公共开支大幅增加，并出现不同程度的财政赤字。为了缓解财政压力，很多国家在举借外债的同时，也大幅增发货币，导致通货膨胀日益严重，使拉美国家成为全世界通货膨胀最为严重的地区。

（二）外部因素

第一，国际环境的变化是拉美国家债务危机产生的外部条件。20 世纪 70 年代西方发达国家陷入经济危机，出现严重的滞胀现象，全球需求市场疲软，能源产品、农产品等价格下跌，导致部分拉美国家出口规模和外汇收入大幅下降。同时，以美国为代表的发达国家为了应对滞胀，大幅提高本国利率，如 1979 年美元基准利率提高

---

① 资料来源：联合国拉美经委会。

至21.5%，拆解利率从11.2%上升到20%①，这一举措使很多资金回流美国；同时，发达国家的紧缩货币政策导致国际金融市场利率持续上涨，进一步加剧了拉美国家的负债成本和偿债压力，如1979—1982年拉美国家外债利息支出多支付了490多亿美元②。综上所述，受原料和初级产品价格降低、发达国家利率和制成品价格升高等因素影响，拉美国家承接了部分西方发达国家经济危机遭受的损失，导致国际收支状况恶化，债务风险加剧。

第二，国际金融机构对拉美国家的援助减弱，间接加重了拉美国家的债务危机。一直以来，世界银行、国际货币基金组织对于发展中国家的资金援助受国际经济形势、发达国家经济运行和自身资金来源的影响较大。受限于20世纪80年代国际经济衰退等因素，世界银行提高了对发展中国家的贷款门槛，削减了优惠贷款的规模和力度，重视强调以私人资本来满足发展中国家的贷款需求。同时，由于发达国家陷入经济危机，对于世界银行、国际货币基金组织提供的捐助资金大幅减少，导致国际组织被迫减少对拉美国家的援助和优惠贷款③。

三 20世纪80年代拉美国家债务危机的治理方案

（一）治理方案：债务国

从债务国来看，拉美国家的应对策略主要体现在以下方面：一是减少财政开支，降低财政赤字，很多拉美国家削减财政预算，大规模减少公共消费、公共投资和社会支出；二是增加税种，提高税收收入，如增加所得税、消费税和进口关税等额外费用，新增金融交易税和通货膨胀税等；三是积极扩大出口、减少进口，以扭转贸易逆差，平衡国际收支；四是加强外汇管理，防止资金外逃，很多

---

① 资料来源：美联储数据库。
② 张森根、吴国平：《当前拉丁美洲经济恶化的根源及展望》，《拉丁美洲丛刊》1984年第1期。
③ 翟雯：《战后拉美国家外债危机的原因及其前景》，《经济问题探索》1984年第10期。

拉美国家在债务危机后放弃固定汇率政策。

这一时期拉美国家的应对措施并没有取得明显成效,拉美国家的贸易顺差主要得益于进口减少而非出口增加;同时,国际收支赤字增加、外汇储备减少、通货膨胀率大幅升高。为此,拉美国家结合国内外经济环境,修订了经济发展战略规划,调整了各项经济指标的目标值;优化产业政策,重新确立农业在国民经济中的重要地位,推动产业结构向高级化转型。

(二)治理方案:债权国

从债权国来看,债务危机爆发以后,很多拉美国家与债权人展开谈判,将部分短期债务调整为中长期债务,虽然在一定程度上削弱了短期偿债压力,但未能有效地解决债权人尤其是欧美发达国家商业银行的压力。为此,美国政府先后提出"贝克计划"和"布雷迪计划",以削减拉美债务危机对本国银行的负向冲击。

"贝克计划"主要是通过对债务国新增贷款,延长原有债务期限,要求债务国调整宏观经济政策,平衡国际收支,降低通货膨胀率等途径,推动债务国经济发展,将债务国的偿债负担降低到其经济发展水平可以承受的范围,但该计划在具体实施中存在债权国资金不充足等制约因素,并未取得成功。但"贝克计划"标志着美国政策方向的调整,为拉美国家创造了较为良好的国际经济环境。

基于"贝克计划",美国于1989年进一步提出"布雷迪计划",要求国际货币基金组织、世界银行和债务国政府要为削减债务本金和利息提供资金支持,商业银行要继续为支持债务国发展提供信贷,并适当扩大债务减免规模,与"贝克计划"存在的本质差异是,"布雷迪计划"首次提出将债务减免纳入应对拉美国家债务危机的政策框架中,提出由商业银行大幅度削减拉美国家固有债务、国际货币基金组织等机构进一步扩大对拉美国家援助贷款等战略。

四 20世纪80年代拉美国家债务危机的影响

拉美债务危机对拉美国家和世界经济均产生了一定的负面影响,

一方面,很多拉美国家陷入经济衰退、通货膨胀愈演愈烈、失业率大幅上涨;另一方面,拉美国家的债务无法按时偿还,对发达国家商业银行产生了实质性的冲击和影响。

(一) 对拉美国家自身带来的影响

对多数拉美国家而言,拉美债务危机产生的负面影响主要体现在以下几个方面:

一是债务危机国经济增长率大幅下降,1982 年和 1983 年除哥伦比亚外,主要拉美国家 GDP 均出现不同程度的负增长;就拉美国家而言,1983 年 GDP 增长率为 -2.4%,较 1980 年的 6.0% 下降了 8.4 个百分点(见表 4-1)。

表 4-1　　　　1960—1983 年拉美七国的 GDP 增长率　　　单位:%

国家 年份	巴西	智利	阿根廷	哥伦比亚	墨西哥	秘鲁	委内瑞拉
1961—1970	5.7	4.1	3.7	5.1	7.0	5.0	5.3
1971—1980	8.1	2.2	2.4	5.5	7.0	3.6	2.8
1981	-4.4	6.5	-5.2	2.3	8.5	5.6	-0.4
1982	0.6	-11.0	-0.7	0.9	-0.5	-0.2	-2.1
1983	-3.4	-5.0	4.3	1.6	-3.5	-10.4	-3.8

资料来源:世界银行世界发展指标数据库。

二是债务危机导致拉美国家陷入恶性通货膨胀、失业率上升、人民生活水平下降、政局动荡,此次债务危机对拉美国家的影响一直蔓延到 21 世纪。

(二) 对世界经济带来的影响

拉美债务危机对世界经济的影响较为有限,受到冲击的主要是欧美发达国家部分商业银行。拉美债务危机爆发后,国际货币基金组织的救助计划并未取得显著成效。作为拉美国家主要债权人之一，欧美发达国家商业银行的很多贷款无法得到按时偿还。为此，很多商业银行调低拉美国家的信用评级，并大幅度削减新增贷款额度。

第二节 1997年亚洲金融危机期间发展中国家债务问题

20世纪90年代中后期，东南亚国家经济发展势头良好。在"东亚模式"被广为称道的同时，1997年爆发了亚洲金融危机，此次危机率先于泰国爆发，并迅速蔓延到菲律宾、马来西亚、印度尼西亚、新加坡、中国香港等地，演变为规模庞大的区域性金融危机，不仅使东南亚各国、韩国等国家陷入经济衰退，也对美国、日本等发达国家和国际金融市场产生了一定的负面冲击。

一 1997年亚洲金融危机的特征

1997年亚洲金融危机爆发于经济赶超型国家，即第二次世界大战以后日本、韩国和东南亚国家立足于自身发展优势，并充分抓住外部发展机遇，实现了经济跳跃式增长[①]。很多经济赶超型国家上演了"东亚奇迹"，但是经济高速发展中也积累了矛盾，亚洲金融危机重复暴露了这些国家在金融领域的脆弱性。

从特征上看，1997年爆发的亚洲金融危机是一场债务危机，危机国家由于受到泡沫经济的影响，银行和企业的坏账逐渐累积，导致银行和企业破产。以率先爆发危机的泰国为例，1996年之前，大量外资流入泰国，并主要流向房地产、钢铁等行业。1996年年底泰国的外债总额为930亿美元，其中730亿美元为私人外债，且约有1/3流向房地产业，房地产业的盲目扩张造成产能过剩，房屋空置率大幅提高，导致金融机构不良资产攀升。同时，泰国的商业银行一方

---

① 赫国胜：《赶超型国家金融体制比较》，中国金融出版社2000年版。

面对房地产企业贷款,另一方面又贷款给财务证券公司,当房地产业疲软,财务证券公司倒闭后,很多商业银行出现大量坏账并陷入危机。1996 年,泰国银行和金融机构的坏账规模超过 300 亿美元,约占其 GDP 的 17%①。1997 年 7 月,泰国政府宣布放弃固定汇率制度,实行浮动汇率制度,导致当天泰铢对美元贬值 20%,标志着东南亚金融风暴的开端。

8—9 月,马来西亚、印度尼西亚和新加坡等国的货币先后与美元脱钩,东南亚国家货币大幅贬值并引发股市下跌。此后,东南亚金融危机冲击韩国和日本,韩元对美元大幅下跌,韩国危机爆发。11 月,东京股市大跌,亚洲金融危机蔓延至日本。东南亚金融风暴由货币危机演变为流动性债务危机,并引发了银行信用危机和故事危机,加之国际社会不适当的干预导致危机程度不断加深,也使很多亚洲国家陷入严重的债务危机和经济危机。

二 1997 年亚洲金融危机的成因

(一) 内部因素

亚洲金融危机爆发的成因体现在以下几个方面:

一是过度繁荣的房地产和股市导致经济泡沫化,其中,外资大规模流入、银行信贷扩张、缺乏有效的金融监管是形成泡沫经济的重要原因,与 1980 年相比,1995 年部分国家银行对私人部门信贷占 GDP 比重大幅上升,如泰国由 27.5% 增长到 88.7%;印度尼西亚由 8.1% 增长到 49.1%;马来西亚由 33.1% 增长到 76.9%;韩国由 36.2% 增长到 55.7%②。

二是在资本自由流动的前提下,一国政府很难兼顾汇率稳定与保持货币政策独立性。亚洲金融危机充分表明,缺乏弹性的汇率制度既容易影响国家经济的稳定运行,也容易给国际投机资本提供空间和机会;同时,在资本账户开放以后,为了实现汇率稳定的目

---

① 查振祥:《债务危机是亚洲金融危机的主要特征》,《调研世界》1999 年第 9 期。
② 张礼卿:《亚洲金融危机的教训》,《国际金融研究》1998 年第 1 期。

标，利率对于一国经济的调节作用难以充分实现。

三是日本、韩国以及部分东南亚国家推进金融自由化进程的步伐过快，但缺少与之相适应的监管体系，导致金融体系较为脆弱。

四是部分危机国未能构建良好的政企关系，如韩国政府在产业政策、金融政策等领域长期的过度干预，形成了扭曲的政企关系，进而导致大规模的低效率投资、薄弱的金融基础等。东南亚国家则主要表现为政府干预效率较低，腐败行为屡见不鲜。

(二) 外部因素

国际资本市场的高度不确定性可能对某些国家的金融体系和债务体系产生巨大的外部冲击，尤其是当外资主要以短期债务形式流入时，一国抵御外部冲击的能力减弱，并面临较大的债务风险。例如，截至1997年6月末，韩国、印度尼西亚和泰国的短期债务与外汇储备的比值分别为2.07、1.7和1.45[1]。上述国家的情况导致国际投机资本快速出逃，并引发了偿付危机。当然，也有学者认为，亚洲金融危机是由于国际资本投机行为引发的支付困难而非偿付危机（Radelet and Sachs，1998）[2]。

三 1997年亚洲金融危机的治理方案

(一) 治理方案：债务国

从债务国来看，为应对亚洲金融危机，很多亚洲国家采取了一系列政策措施，对于"一带一路"沿线国家防范债务风险具有积极的借鉴意义。具体体现在以下几个方面：

一是均采取紧缩的财政政策和货币政策，就财政政策而言，削减公共支出，如泰国和韩国均宣布减少不必要的财政开支；泰国、印度尼西亚和韩国等都通过提高奢侈品税等方式增加税收收入；减少税收优惠、降低财政补贴，如韩国减少了所得税豁免和抵扣，印

---

[1] 李培育：《亚洲金融危机的成因及我国面临的挑战》，《管理世界》1998年第6期。

[2] S. Radelet, J. D. Sachs, "The East Asian Financial Crisis: Diagnosis, Remedies, Prospects", Brooking Papers on Economic Activity, 1998, 1, pp. 1 – 90.

度尼西亚自1998年4月1日起取消增值税豁免和对国家汽车公司的税收优惠,并逐步取消燃料和电力补贴①。就货币政策而言,为配合国际货币基金组织的要求,各国纷纷提高国内利率水平;加强对国内信贷的控制,如马来西亚规定1997年贷款增速控制在25%,1998年第一季度降至20%,1998年年底降至15%②。

二是加强债务重组和结构性改革,通过提供紧急资金援助等途径保障经济稳定运行;改革危机国的金融监管框架,加强信贷审查、外汇管理,提高金融机构信息披露的质量等。

三是限制短期贷款,通过大量发行长期国债等途径降低短期外债占比,削弱危机国对外债的依赖。

(二)治理方案:债权国

从债权国来看,美国、日本等并未对深陷亚洲金融危机的东南亚国家伸出援手,而是认为应该由国际货币基金组织来实施救援计划。在亚洲金融危机爆发以后,国际货币基金组织向部分国家提供了援助,从救助方案来看,其主要基于新自由主义框架提出以下举措:一是实施紧缩的财政政策和货币政策,增加税收;二是降低政府的作用和对经济活动的干预,推动国有企业私有化进程;三是改革和开放金融市场,加大金融领域对外资的开放力度;四是调整经济目标,适当调低经济增长率预期;五是由政府为问题金融机构提供担保,直至由政府代为偿还债务。

从长期来看,上述政策措施都能对危机国经济复苏产生正向效应,但国际货币基金组织的救助方案存在实施时间较晚、贷款条件苛刻、政治因素干预、未能提出有针对性和异质性的救援方案等弊端。国际货币基金组织的"药方"对于亚洲金融危机没有立即生效,究其原因,较为统一的治理方案没有充分考虑不同危机国的特殊性;并未深刻认识到亚洲金融危机爆发的深层次原因是结构性失

---

① 周明伟:《东南亚国家经济的两次衰退与复苏》,《当代亚太》2003年第8期。
② 李芳:《资本流动下的汇率安排与资本管理》,中国对外经济贸易出版社2003年版。

衡，如经常账户赤字严重、固定汇率导致货币政策的调节作用有限、未能处理好资本账户与本国货币安全的关系、金融自由化程度与监管能力提升没有协同发展等。

四 1997年亚洲金融危机的影响

（一）对危机国家自身的影响

亚洲金融危机对危机国家自身的影响，主要体现在以下几个方面：

一是经济发展停滞或者陷入衰退、货币大幅度贬值、股票市场暴跌、通货膨胀严重、投资需求锐减、政府支出下降。

二是受国际货币基金组织的影响严重，印度尼西亚等很多危机国家失去了经济政策的独立性和自主权。

三是外债负担加剧，受本国货币贬值影响，很多东南亚高负债国家以美元、日元等计价的贷款还本付息额大幅增加。负债率较高的企业无力偿还国际贷款，不得不将企业所有权移交给债权人。

四是部分企业破产倒闭、失业率上升，亚洲金融危机以后，很多危机国家企业的进口原材料成本上升，且银行的信用证承兑受到影响，使企业进口原材料短缺，供应链断裂，进而导致企业停工停产，失业率上升。

五是受金融危机和经济衰退的影响，很多危机国家的政局不稳，政权更迭频繁，韩国总统金泳三、印度尼西亚总统苏哈托、日本首相桥本龙太郎相继下台。

（二）对世界经济的影响

亚洲金融危机对世界经济的影响既包含直接影响，也包含间接影响。直接影响是指亚洲金融危机爆发以后，亚洲经济增长放缓，进口需求下降，进而直接影响主要贸易伙伴的出口和收入，全球国际贸易和经济增长也会通过乘数效应受到一定的负向冲击。例如，亚洲市场是美国的重要出口目的地，亚洲金融危机导致美国向该区域的出口减少，统计数据显示，美国出口规模下降导致贸易赤字增加，进而使1998年GDP增长率同比下降1.7个百分点[①]。

间接影响是指受亚洲金融危机冲击，全球很多发展中国家金融市场大幅度下跌，境外融资成本持续上升，如与危机爆发前相比，巴西在国际资本市场上发行美元债券的利率提升了1%—2%[②]。又如，受亚洲金融危机影响，俄罗斯股市、债市价格大幅下滑，卢布贬值，并引发了俄罗斯金融危机。

（三）对我国的影响

我国凭借着强大的国民经济实力，适当的宏观经济政策，成功实现经济软着陆，没有直接卷入亚洲金融危机，但危机仍然对我国经济发展造成了严峻的挑战。

一是从对外贸易方面来看，东南亚国家经济增长放缓，对外需求疲软，导致我国出口商品规模出现一定程度的下降；日本、韩国等重要贸易伙伴国进口需求萎缩，对我国出口商品产生很大的负向冲击，1998年1月至4月我国对韩国出口同比下降24.5%；1—6月，我国对日本出口同比下降4.3%[③]；我国与东南亚国家在电子、纺织、玩具等商品存在较强的竞争性，危机进一步加剧了这些商品向第三国市场出口的竞争强度。

二是从利用外资方面来看，日本、韩国和部分东南亚国家是我国引进外资的主要来源地，危机爆发以后，这些国家大多采取紧缩的经济政策，开展对外直接投资的能力和意愿减弱，进而在一定程度上造成我国吸引外资的规模下降。统计数据表明，1998年，全国新批外商投资企业19846家，同比下降5.70%；实际使用外资金额455.82亿美元，同比增长0.67%，增速较上一年有所放缓[④]。

[①] 卫兴华、桑百川：《亚洲金融危机的成因、影响和对我国的启示》，《学术月刊》1999年第1期。

[②] 洪平凡：《亚洲金融危机对世界经济的影响》，《数量经济技术经济研究》1999年第1期。

[③] 卫兴华、桑百川：《亚洲金融危机的成因、影响和对我国的启示》，《学术月刊》1999年第1期。

[④] 中华人民共和国国家统计局：《1998年国民经济和社会发展统计公报》，1999年。

三是从经济增速方面来看，由于我国出口和利用外资增速下降，导致 GDP 增长势头放缓，1998 年我国 GDP 增速为 7.84%，同比下降 1.39 个百分点[①]。

第三节 2008 年国际金融危机期间发展中国家债务问题

2007 年年初，美国爆发次级抵押贷款危机，并快速向全球金融市场蔓延，最终演变成 20 世纪 30 年代大萧条以来世界上最严重的金融危机。美国金融危机是因次级抵押贷款机构破产、投资基金被迫关闭、股市剧烈震荡引起的金融风暴，并对世界经济产生了深远的冲击和影响。

一 2008 年国际金融危机的特征

（一）由次贷危机引发的国际金融危机

马克思经济理论认为，资本主义社会化大生产与私有制的矛盾，必然会周而复始地产生经济危机；进一步地，资本主义社会化大生产，与高度发达的信用关系和信用制度是相互依赖的。也就是说，实体经济与虚拟经济和金融业是同步发展的，相应地，经济危机往往率先产生于信用危机或者金融危机。与 20 世纪 30 年代大萧条始于纽约股市崩盘不同，本次危机由住房次贷危机开始，并逐步传导至银行业、保险业等金融领域，进而引发实体经济陷入危机。

西方发达国家的金融衍生产品种类繁多，如购房者与住房贷款企业签署贷款协议后，将协议证券化以减少风险，并由贷款保险公司进行担保来提高协议的信用度，进而形成信用违约互换这一金融衍生产品（Credit Default Swap，CDS）出售，而购入 CDS 的证券机构或者投资结构可能再创造出房屋抵押债券（Collateralized Debt Ob-

---

① 中华人民共和国国家统计局：《1998 年国民经济和社会发展统计公报》，1999 年。

ligation，CDO），并打包出售给其他企业或者个人，以削减风险、分享收益。但如果出现房屋价值大幅下跌，购房者断供的现象，可能导致相关投资者亏损甚至破产。本次美国次贷危机就是在房价泡沫破灭以后，信用等级较低的购房者拒绝还贷引发的。

（二）影响范围广、程度深

2008年爆发的国际金融危机是自1929年大萧条以来最为严重的金融危机，与拉美债务危机、亚洲金融危机甚至大萧条不同，美国次贷危机引发的国际金融风暴，迅速通过金融衍生工具传导至欧盟、东欧、亚洲和拉丁美洲国家，演变成世界范围内的国际金融危机，而大萧条的波及范围还是以发达国家为主，对发展中国家的负面影响相对较小。统计数据表明，在1929—1932年间，西方各国工业生产平均下降40%以上，其中美、德、英、法分别下降46.2%、40.6%、33.8%、32.9%，而同期苏联却上升64.7%[1]。2008年国际金融危机的影响范围较广，很多发展中国家都受到了不同程度的冲击和影响。

二 2008年国际金融危机的成因

自2007年以来，由美国次贷危机引发的国际金融危机逐步向全球扩散，并从金融领域向实体经济领域传导，使世界经济增长势头放缓。究其原因，本轮国际金融危机的爆发和传导是美国扩张性的财政政策、宽松的金融监管政策、过度的金融自由化程度等多种因素共同作用的结果。

从直接原因来看，主要体现在以下几个方面：

一是信用过度扩张导致投机过热，自2007年以来，美国一直采取连续的降息政策，虽然有效地推动了房地产市场的繁荣发展，但也相应地形成了很多信用等级较低的抵押贷款债券，为爆发金融市场风险埋下了隐患。

二是大量国际资本购买美国金融衍生产品，但由于缺少实体经

---

[1] 斯大林：《斯大林全集》（第13卷），人民出版社1956年版。

济发展作为支撑，进一步加剧了美国本土资产价格泡沫化。

三是缺乏整体性的金融监管体系，与金融自由化快速扩张形成对比的是，监管机构未能及时、有效地优化监管规则，对非银行金融机构、影子金融机构、金融中介机构、金融创新和消费者权利保护等缺乏高水平监管，进而导致金融系统风险快速扩张。

从深层次原因来看，生产社会化和资本主义生产资料私人占有之间的矛盾，仍然是当代美国资本主义社会的基本矛盾，由这一矛盾引发的生产过剩是诱发金融危机的根源。特别是金融资本具有垄断性、投机性等特征，更是进一步深化了资本主义的基本矛盾。

同时，新自由主义理论加剧了资本主义市场经济的无政府状态，导致虚拟经济与实体经济长期失衡，美国金融危机爆发表面是由于资金流动性过剩引发的，但实质上这种流动性过剩是生产相对过剩的一种表现形式，是资本积累的过剩；从全球范围内来看，当全球有效需求不足，生产供给过剩，即总储蓄大于总投资，储蓄资金无法流向投资回报率较高的项目，则会倾向于购买金融衍生产品，并可能进一步演变为金融风险甚至引发金融危机。

三　2008年国际金融危机的治理方案

（一）美国的应对之策

为应对危机，美联储实施了一系列常规的和非常规的政策措施，本部分将对这一时期美联储相关政策措施的效果、特征等进行梳理和回顾。从常规措施来看，通常包含降低基准利率、调整再贴现率和公开市场操作等政策措施。

如表4-2所示，从2007年9月到12月，美联储先后三次将基准利率从5.25%下调至4.25%；由于危机对于金融领域和实体经济领域产生的负面影响高于预期，2008年1月22日至12月16日，美联储又先后7次下调联邦基准利率，实现了由4.25%下降至0—0.25%。

表 4-2　2007 年 9 月至 2008 年 12 月美联储降息情况

时间	初始利率水平（%）	下降幅度（基点）	调整后利率水平（%）
2007.9.18	5.25	50	4.75
2007.10.31	4.75	25	4.50
2007.12.11	4.50	25	4.25
2008.1.22	4.25	75	3.50
2008.1.30	3.50	50	3.00
2008.3.18	3.00	75	2.25
2008.4.30	2.25	25	2.00
2008.10.8	2.00	50	1.50
2008.10.29	1.50	50	1.00
2008.12.16	1.00	75—100	0—0.25

资料来源：Reuters Eco Win。

为了增加市场的流动性，2007 年 8 月，美联储宣布将再贴现率从 6.25% 降至 5.75%，使再贴现率与联邦基准利率的差值从 100 个基点下降至 50 个基点。从表 4-3 可以看出，截至 2008 年 12 月末，再贴现率先后经历了 11 次下调，并降至 0.5%，再贴现的时间也从 30 天延长至 90 天。

表 4-3　2007 年 9 月至 2008 年 12 月美联储下调贴现率情况

时间	初始再贴现率（%）	下降幅度（基点）	调整后再贴现率（%）	再贴现率-联邦基准利率
2007.8.17	6.25	50	5.75	50
2007.10.31	5.75	75	5.00	50
2007.12.11	5.00	25	4.75	50
2008.1.22	4.75	75	4.00	50
2008.1.30	4.00	50	3.50	50
2008.3.16	3.50	25	3.25	25
2008.3.18	3.25	75	2.50	25

续表

时间	初始再贴现率（%）	下降幅度（基点）	调整后再贴现率（%）	再贴现率－联邦基准利率
2008.4.30	2.50	25	2.25	25
2008.10.8	2.25	50	1.75	25
2008.10.29	1.75	50	1.25	25
2008.12.16	1.25	75	0.50	25

资料来源：Reuters Eco Win。

公开市场操作是指中央银行通过买进或者卖出有价证券，调节货币供应量的活动。国际金融危机爆发初期，美联储主要利用隔夜操作来增加市场流动性；2007年8月以后，美联储增加了7天的公开市场操作；11月，又增加了43天期限的回购操作；2008年起，美国进行了多次28天期限的回购操作。为了更好地满足市场和金融机构的资金需求，美联储也有针对性地调整了公开市场操作的细则，如延长公开市场操作期限，增加可供交易的证券产品类别等。2008年，美联储通过公开市场操作的方式注入了8600多亿美元的流动性，以有助于缓解信贷紧缩情况，增加市场流动性。

在进行了一系列常规操作的同时，为有效发挥货币政策的作用，美联储增设了非常规货币政策工具。具体主要包含以下方面：一是出台面向货币市场和金融机构的融资融券政策工具，如面向货币市场的商业票据融资便利（Commercial Paper Funding Facility，CPFF）和货币市场投资者融资便利（Money Market Investor Funding Facility，MMIFF）等，面向一级交易商和证券持有与发行机构的政策工具，如一级交易商融资便利（Primary Dealer Credit Facility，PDCF）和定期证券借贷便利（Term Securities Lending Facility，TSLF）等（见表4-4）。

表4-4 增设的面向金融机构和货币市场融资融券政策工具

名称	时间	对象	内容
定期拍卖便利（TAF）	2007.12.12	存款类机构	对于财务健全的存款类金融机构，可依据规定程序向所在地联邦储备银行提出利率报价和竞拍额，由美联储决定拍卖结果，对投标利率最高的机构提供资金支持。期限有28天、84天和远期三种
定期证券借贷便利（TSLF）	2008.3.11	一级交易商	允许一级交易商以缺乏流动性的证券作抵押品进行投标，以交换美联储的高流动性政府债券。抵押品的范围包括机构担保抵押支持债券、较高信用等级的住房抵押支持债券和其他资产支持债券等
一级交易商融资便利（PDCF）	2008.3.17	一级交易商	授予一级交易商进入贴现窗口的权利，一级交易商可按与存款类金融机构相同的贴现率借款，资金数量取决于交易商的需要，且利率固定不变
货币市场共同基金流动性便利（AMLF）	2008.9.19	存款类机构和银行控股公司	以贴现率向存款机构和银行控股公司提供无追索权贷款，供其从货币市场共同基金购入商业票据
商业票据融资便利（CPFF）	2008.10.7	票据发行机构	通过特殊目的载体（SPV），从符合条件的商业票据发行机构购买评级较高的资产抵押商业票据和无抵押商业票据
货币市场投资者融资便利（MMIFF）	2008.10.21	货币市场投资者	授权纽约联邦储备银行向一系列特殊目的公司（SPV）提供优先担保融资，促使SPV从合格投资者手中购买美元定值存单和商业票据等合格资产
定期资产支持证券信贷便利（TALF）	2008.11.25	有价证券持有和发行机构	为应对资产支持证券发行和交易量大幅下降的情况，美联储向持有资产抵押证券的金融机构提供无追索权贷款。资产支持证券信贷便利的范围包括住房贷款支持证券、企业设备贷款或租赁支持证券、交通工具租赁支持证券等

资料来源：美联储，http://www.federalreserve.gov。

二是与多家中央银行开展货币互换，国际金融危机爆发以后，为了满足很多外国投资机构的换汇需求，美联储与很多国家开展了货币互换，以提高国际金融市场的美元流动性。货币互换是指美联储与其他国家的中央银行签订货币互换协议，向其他国家提供短期美元资金，然后各国的中央银行将美元放贷给本国的金融结构。自2007年12月起，美联储先后于欧元区、瑞士、日本、英国、加拿大、丹麦等国家和地区的中央银行建立了货币互换机制（见表4-5）。

表4-5　　美联储与各国（地区）中央银行货币互换情况

时间	互换对象与规模（亿美元）	到期时间
2007.12.12	欧洲中央银行（200）、瑞士国民银行（40）	2008.6
2008.3.11	欧洲中央银行（300）、瑞士国民银行（60）	2008.9
2008.5.2	欧洲中央银行（500）、瑞士国民银行（120）	2009.1
2008.7.30	欧洲中央银行（550）	2009.1
2008.9.18	欧洲中央银行（1100）、瑞士国民银行（270）、日本银行（600）、英格兰银行（400）、加拿大银行（100）	2009.1
2008.9.24	澳大利亚储备银行（100）、瑞典银行（100）、丹麦国家银行（50）、挪威银行（50）	2009.1
2008.9.26	欧洲中央银行（1200）、瑞士国民银行（300）	2009.1
2008.9.29	欧洲中央银行（2400）、英格兰银行（800）、瑞士国民银行（600）、日本银行（1200）、丹麦国家银行（150）、挪威银行（150）、澳大利亚储备银行（300）、瑞典银行（300）	2009.4，最长可延期至2010.2
2008.10.13	欧洲中央银行（无额度限制）、英格兰银行（无额度限制）、瑞士国民银行（无额度限制），美联储支持三家中央银行按固定利率向市场提供短期美元融资	2009.4
2008.10.14	日本银行（无额度限制），美联储支持其按固定利率向市场提供短期美元融资	2009.4，最长可延期至2010.2
2008.10.29	巴西中央银行（300）、墨西哥银行（300）、韩国银行（300）、新加坡货币当局（300）	2009.4，最长可延期至2010.2
2010.5.9	加拿大银行（300）、英格兰银行（无额度限制）、瑞士国民银行（无额度限制）	2011.1

资料来源：美联储，http://www.federalreserve.gov。

三是实施量化宽松货币政策。2008年9月25日,布什政府的救市计划向市场提供了7000亿美元资金;2009年2月,奥巴马签署了"美国复苏与再投资法案",刺激计划规模达到7870亿美元;2009年3月18日,美联储围绕购买长期国债、购入抵押贷款支持证券、购买机构债等推出了三项政策措施,以支持市场提高流动性,并开启了第一轮量化宽松货币政策。2010年10月,美联储宣布再买入6000亿美国国债,标志着第二轮量化宽松货币政策启动(见表4-6)。

表4-6 两轮量化货币宽松政策情况

第一轮 (2009.3.18)	未来6个月买入3000亿美元长期国债,支持联邦政府的救市计划
	购入由联邦机构发行的7500亿美元的抵押贷款支持证券
	增加购买由"两房"发行或担保的1000亿美元的机构债
第二轮 (2010.11.3)	2011年6月30日前再买入6000亿元美国国债,购入国债的年限为5年左右

资料来源:美联储,http://www.federalreserve.gov。

综上所述,美联储运用积极的货币政策来应对国际金融危机,增加了市场流动性,规避了金融机构大规模倒闭的现象,并有效地阻止了经济陷入深度衰退。

对于"一带一路"沿线国家防范政府债务风险而言,值得借鉴的经验体现在以下几个方面:

一是优化中央银行的监管职责,拓宽监管范围,做好系统性风险的评估和检测工作。

二是在合理利用货币政策工具的同时,需要注意避免通货膨胀压力过大,政府债务风险过高,如截至2011年7月,美国政府债务规模占GDP比重为93%[1]。

---

[1] 政府债务规模包含联邦政府债务、地方政府债务和由政府提供信用担保的政府机构债务,规模总计23.4万亿美元。

三是在积极发挥国际货币基金组织、国际清算银行等国际组织的沟通协调作用的基础上，建立健全各国货币政策的国际合作与协调机制，向市场释放各国维护金融稳定的信心，提高货币政策效果，避免危机向更大范围扩散。

四　2008 年国际金融危机的影响

（一）对世界经济的影响

由美国次贷危机引发的国际金融危机是战后最为严重的一次金融危机，对全球经济运行、经济结构、宏观经济政策制定等产生了重要影响，具体体现在以下几个方面：

一是 2008 年国际金融危机对世界经济的影响深度、涉及范围的广度，远超过 20 世纪 90 年代以来拉美债务危机、亚洲金融危机，是经济全球化以来首次世界性的金融危机。从某些指标来看，2008 年国际金融危机的严重程度超过 1929 年经济危机，如 2008 年国际金融危机爆发后第 10 个月全球股票市场降幅已经达到 1929 年危机时期后第 27—28 个月的下降幅度；又如，2008 年国际金融危机引发的全球贸易规模下降幅度要高于 1929 年危机同一时期的下降幅度，2008 年国际金融危机爆发后 10 个月全球贸易规模下降水平已经超过 1929 年危机爆发后第 20 个月的降幅[1]。

二是得益于世界各国高效的救援措施和健全的宏观经济管理体系，此次金融危机并未引发世界经济大萧条。各国应对 2008 年国际金融危机的对策包括：加大经济投入力度，创造就业岗位；实施积极的财政政策和适度宽松的货币政策；加大对中小企业扶持力度，避免大规模裁员等。

（二）对于发展中国家的影响

对于发展中国家而言，国际金融危机对其债务风险产生的影响包括短期和长期两个方面：

---

[1] 李刚：《国际金融危机的根源、影响及中国的对策》，《世界经济研究》2009 年第 9 期。

从短期来看，部分发展中国家开放资本账户的进程较快，短期私人资本频繁流入或者流出以获得高额利润，不仅提高了金融监管的难度，也导致一国金融稳定性降低。国际金融危机导致拉美、非洲、中东等国家股市下跌、经常账户赤字扩大、偿债能力下降、主权信用评级下调、债务风险上升。

从长期来看，国际金融危机对发展中国家的贸易、外资流入都产生了一定的负面冲击，并经过一系列传导机制影响其债务风险。一方面，由于发达国家进入经济衰退期，导致进口需求减少，进而使发展中国家的出口规模下降，尤其是国际金融危机引发全球能源、资源产品价格下降，导致资源密集型国家出口收入降低；另一方面，流入发展中国家的国际投资减少，国际金融危机导致全球流动性紧张，发达国家的金融机构会减少对发展中国家的新增投资，并可能会收回已经流入发展中国家的投资。综上所述，贸易和外资流入规模下降会导致发展中国家经济增速放缓、财政收入下降、货币贬值、债务风险上升。

第四节　三次危机对沿线国家应对债务问题的启示

通过梳理归纳20世纪80年代拉美债务危机、1997年亚洲金融危机和2008年国际金融危机的债务类别、爆发原因、应对措施等（见表4－7），对"一带一路"沿线国家防范债务风险具有如下启示：

一是短期债务增速过快，债务水平大幅上升可能是爆发债务危机的重要预警，需要建立有效的模型，加强对短期债务变化及其风险的监控。

二是债务增速过快在外部账户上表现为持续性的经常账户赤字，在国内则表现为资产价格泡沫。

三是规避债务问题重在事前防范和有效监管，金融监管缺位是导致短期内债务快速上升的因素之一。

四是部分发展中国家采用固定汇率，汇率制度不够灵活，且债务期限和币种的结构不合理。

五是一旦发生债务危机，应立足于本国实际，在梳理和总结过去危机经验教训的基础上，出台有针对性、创新型的政策工具。

表4-7　　　　　　　三次债务或者金融危机的情况比较

债务危机	债务类别	爆发原因	应对措施	启示
拉美债务危机	政府外债	固定利率；经常账户赤字；债务期限和币种不合理	债务延期或重组；争取国际援助；浮动汇率；紧缩的财政和货币政策	固定汇率加剧债务风险；债务减免是解决债务危机的途径之一；亟须加快债务结构优化
亚洲金融危机	银行和企业外债	经常账户赤字；固定汇率；债务期限和币种不合理；金融监管缺位	债务延期或重组；争取国际援助；浮动汇率；紧缩的财政和货币政策	应提高汇率灵活性；适度加强资本管制；资本账户开放与金融市场、监管水平协同发展；财政货币紧缩政策有待优化
国际金融危机	居民债务	经常账户赤字；金融监管缺位	常规和非常规的货币政策；加快产能出清	有针对性地加快政策工具创新；完善金融监管体系，注重风险事前防范

第五章　巴黎俱乐部债务重组的经验与启示

自"一带一路"倡议实施以来，中国对沿线国家投资合作稳步推进，有力地推动了沿线国家基础设施建设，形成了互利共赢、共同发展的良好局面。但是，"一带一路"建设项目推进过程中也遇到了诸多质疑与挑战，如西方国家炮制和炒作的"债务陷阱论"等。中国对"一带一路"沿线国家投资合作的项目多为基础设施项目，投资规模大、投资回收期长，如何在"一带一路"建设中继续保持沿线国家的债务可持续性，是推动共建"一带一路"高质量发展的重要环节。

自20世纪80年代以来，为有效地解决国际债务问题，形成了包含诸多国际债务解决机制，如贝克计划、密特朗计划、布雷迪计划、主权债务重组机制、集体行动条款、重债穷国倡议、多边减债倡议等（详见附表25）。作为非正式的官方债权人，巴黎俱乐部是处理发展中国家政府债务的重要谈判场所和利益协调机制。此部分将在系统介绍巴黎俱乐部国际债务处理机制的基础上，归纳总结出如何优化"一带一路"建设中债务处理、提高沿线国家债务可持续性。

第一节　巴黎俱乐部概况

巴黎俱乐部是官方债权人的非正式组织，1956年阿根廷与其官方债权人在巴黎举行会晤是其第一次活动。为了缓解布雷顿森林体系崩溃引发的美元危机、平衡国际收支、稳定美元汇率，1961年11月，国际货币基金组织与美国、英国、加拿大、西德、法国、意大利、比利时、瑞典和日本十国代表在巴黎举行会议，并达成一项"借款总安排"（General Agreement to Borrow，GAB）协议，协议规定国际货币基金组织在国际短期资金发生巨额流动并引发汇率波动时，可从上述十个国家借入资金，并贷款给发生货币危机的会员国。截至目前，巴黎俱乐部已经与90个不同的债务国形成434项协议，在巴黎俱乐部协议框架内处理的债务总计5860亿美元[①]。

当前，巴黎俱乐部拥有包括22个常任理事国，这些国家都认可巴黎俱乐部的主要原则和规则，具体为澳大利亚、奥地利、比利时、巴西、加拿大、丹麦、芬兰、法国、德国、爱尔兰、以色列、意大利、日本、韩国、荷兰、挪威、俄罗斯、西班牙、瑞典、瑞士、英国、美国。

其他正式债权人也可以取得常任理事国和债务国的同意，积极参与谈判会议，我国已于2013年开始以非成员身份常态化参加巴黎俱乐部有关活动，阿布扎比、阿根廷、捷克、印度、科威特、墨西哥、摩洛哥、新西兰、葡萄牙、沙特阿拉伯、南非、特立尼达和多巴哥、埃及等国家都以债权人的身份参与过巴黎俱乐部的讨论和活动。

通常情况下，巴黎俱乐部的会议除了债务国和债权国参与外，国际货币基金组织、世界银行、经合组织、联合国贸发会议、欧盟委员会、非洲开发银行、亚洲开发银行、欧洲复兴开发银行、美洲开发银行等国际机构的代表也作为观察员参加。

巴黎俱乐部债权国每月在巴黎举行会议（原则上除2月和8月外），每月会议为期一天，巴黎俱乐部债权国在会议期间讨论各自债务国的外债情况以及发展中国家债务处理方法问题等，会议还可能包括与一个或者多个满足所有谈判协议的借款国进行谈判会议。

---

① 资料来源：http://www.clubdeparis.org/。

当债务国与国际货币基金组织达成共识并认为该国无法继续履行其外债偿付义务，需要进行债务重组时，债务国将被邀请和巴黎俱乐部成员国共同参与会议并进行谈判。致力于满足债务国债务重组诉求的成员国均可参加研讨，而与该债务国没有债务债权关系的成员国可以作为观察员参与；在获得常任理事国和债务国同意的前提下，可以要求其他官方双边债权人参与会议。

第二节 巴黎俱乐部的债务重组规则和基本原则

一 巴黎俱乐部的债务重组规则

巴黎俱乐部通常在所有债权国达成一致意见的前提下，根据债务国的情况开展有针对性的债务重组安排，具体的重组规则包含以下四种：

（一）基础条款

标准处理方法，在债务国中最为广泛适用的条款，已有60个国家在基础条款下受益。任何与国际货币基金组织有计划表明需要得到巴黎俱乐部债务重组的国家，都可以基于逐案处理按照适当的利率被进行债务重组。

（二）休斯顿条款

适用于重债的中低收入国家，是巴黎俱乐部1990年针对中低收入国家实施的处理办法，主要是对其基础条款进行了三个方面的优化和增强，一是非官方发展援助债务偿还期限延长至15年，官方发展援助债务偿还期限从原来的10年延长至20年；二是官方发展援助债务以优惠利率进行；三是债务交换可以在双边自愿的基础上进行。截至目前，已经有21个国家从休斯顿条款中获益。

休斯顿条款对债务国的基本要求：一是人均GDP低于2995美元；二是债务占GDP比重高于50%，或者债务占出口比重高于

275%，计划内重组占出口比重超过 30%；三是官方双边债务规模至少为私人债务的 150%。

（三）那不勒斯条款

适用于重债穷国，是 1994 年针对最贫穷国家设立的处理方法，对于最贫穷和负债较高的国家，减免程度要至少达到 50%，对于非官方发展援助可提高至 67%；这项内容在 1999 年 9 月经债权人同意，允许那不勒斯条款内的债务均能达到 67% 的减免。截至目前，已经有 36 个国家从那不勒斯条款受益。

那不勒斯条款对债务国的要求是：债务国要满足国际货币基金组织和巴黎俱乐部的监管要求，具有较高的债务水平，人均 GDP 不超过 755 美元。

（四）科隆条款

适用于符合重债穷国协议的国家。1999 年，巴黎俱乐部在重债穷国倡议框架内和科隆峰会后提出，将重债穷国债务减免幅度提高到 90%，或者根据实际需求进一步提高减免幅度。有 39 个国家有资格加入重债穷国协议，并可能从科隆条款中受益，目前已有 36 个国家符合该条款的要求并获得债务减免。

科隆条款基于逐案处理原则，要求债务国在符合那不勒斯条款的基础上，符合如下条件：一是在巴黎俱乐部具有良好的跟踪记录并将持续进行强劲的经济调整；二是已经被国际货币基金组织或者世界银行宣布获得重债穷国倡议资格。

巴黎俱乐部与国际货币基金组织之间的关系较为密切，对于债务安排谈判未能有效达成的债务国，国际货币基金组织会转到巴黎俱乐部进行判断；同时，巴黎俱乐部对于债务国的债务安排通常以其能够获得国际货币基金组织限制性贷款为前提和基础。从某种意义上说，巴黎俱乐部可以对国际货币基金组织形成补充，国际货币基金组织倾向于利用限制性规则，而巴黎俱乐部作为非官方组织，更擅长运用谈判和磋商的机制来拓展谈判的空间。

二 巴黎俱乐部的六项基本原则

巴黎俱乐部由高收入国家组成,旨在为债务国和债权国提供债务重组、债务减免、债务撤销等债务安排。其宗旨是为发展中国家尤其是债务负担较重、偿债能力较弱的发展中国家,与债权国协调官方债务推迟偿还事项;加强国际金融领域合作,推动成员国货币政策的一致性。

巴黎俱乐部坚持的六项基本原则如表5-1所示。其中,待遇可比原则、共识原则、团结原则和信息共享原则主要是针对债权人而设立的,待遇可比原则充分保障了债权人的利益;共识原则、团结原则和信息共享原则有助于加强各债权国的沟通与协调,提高债务重组的信息透明度,提高行动有效性。个案处理原则主要是有助于出台更具针对性的债务重组方案,限制性原则主要针对债务人,获得巴黎俱乐部的债务重组需要获得国际货币基金组织的援助,也可能有助于提高债务人的支付能力。

表 5-1　　　　　　　巴黎俱乐部坚持的六项基本原则

名称	内容
团结原则(Solidarity)	巴黎俱乐部的所有成员国在处理债务国债务重组事项时属于具有共同利益的整体,要密切关注本国债务重组对其他成员国债务处理的影响。一旦通过某项决议,成员国应认真履行决议内容
共识原则(Consensus)	某项决议只有得到债权国的一致同意,才能够生效和实施
信息共享原则(Information Sharing)	巴黎俱乐部是一个独特的信息共享论坛。受益于国际货币基金组织和世界银行的参与,巴黎俱乐部成员国在互惠互利的前提下,定期就债务国情况交流看法并共享信息。为了确保信息共享效果,这些讨论对外是保密的
个案处理原则(Case by Case Approach)	巴黎俱乐部会根据不同债务国的具体情况,制订有针对性的债务重组方案

续表

名称	内容
限制性原则 (Conditionality)	巴黎俱乐部仅与满足以下条件的债务国展开谈判： 需要债务减免，债务国应准确描述其经济和金融状况； 已经实施并致力于通过改革来推动其经济和金融发展，且在国际货币基金组织框架下拥有实施改革的良好记录，这意味着债务国必须获得国际货币基金组织的项目支持，债务国必须正在接受国际货币基金组织项目支持（比如备用安排、中期贷款、减贫与增长贷款、政策支持工具），巴黎俱乐部为债务国提供的债务支持以国际货币基金组织认定的债务国债务缺口为依据和支撑； 就流动性而言，当俱乐部选择对债务进行批量处理（Flow Treatment）而非一次性重组时，债务重组的巩固期起始于国际货币基金组织指出债务国需要减债处理的时间，如果批量处理的时间超过1年，巴黎俱乐部的债务重组协议将分阶段执行，第一阶段到期的债务，将在重组协议生效后尽快得到重组；后续阶段的重组，将在商定记录（Agreed Minutes）中提到的条件满足时实施，这些条件一般包括非累计欠款和得到国际货币基金组织对项目的肯定性评估
待遇可比原则 (Comparability of Treatment)	巴黎俱乐部要求获得在债权人之间的可比待遇，即债务国不能向其他债权国承诺比对巴黎俱乐部更好的待遇

资料来源：http://www.clubdeparis.org/。

第三节 巴黎俱乐部的债权规模及主要债务国构成

一 巴黎俱乐部的债权规模

如图 5-1 所示，2008—2019 年巴黎俱乐部中掌握的全球债权规模均保持在 3000 亿美元之上。2008—2013 年，巴黎俱乐部持有债权规模呈先上升后下降趋势,并于2011年达到峰值4143亿美元;2014—2019年巴黎俱乐部持有债权规模走势平稳。2008—2010年、2016—2019年,官方发展援助的规模高于非官方发展援助的规模;2011—2015年,官方发展援助的规模低于非官方发展援助的规模。

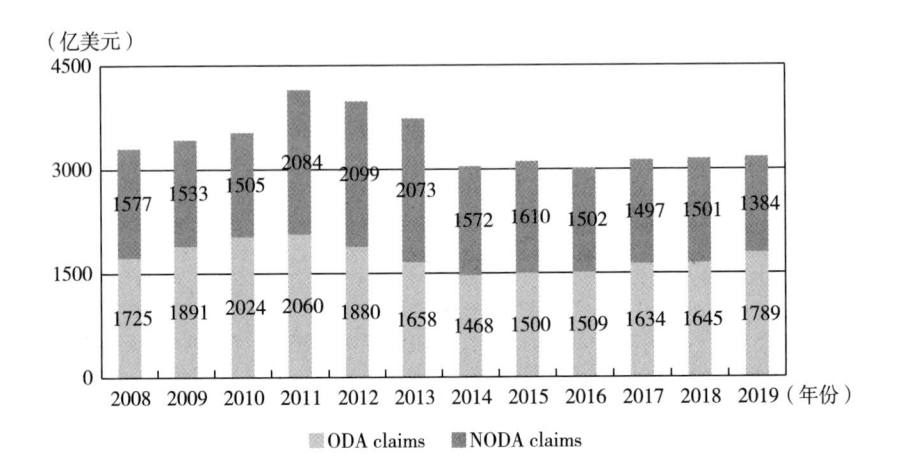

（亿美元）

年份	ODA claims	NODA claims
2008	1725	1577
2009	1891	1533
2010	2024	1505
2011	2060	2084
2012	1880	2099
2013	1658	2073
2014	1468	1572
2015	1500	1610
2016	1509	1502
2017	1634	1497
2018	1645	1501
2019	1789	1384

图 5-1　2008—2019年巴黎俱乐部成员国持有债权规模

注：ODA（Official Development Assistance）指的是官方发展援助，NODA（non-Official Development Assistance）指的是非官方发展援助。

资料来源：http://www.clubdeparis.org/。

二　巴黎俱乐部的主要债务国构成

从图5-2可以看出，位于巴黎俱乐部债务国前10位的国家分别是希腊、印度、越南、印度尼西亚、中国、伊拉克、巴基斯坦、孟加拉国、埃及和菲律宾。在巴黎俱乐部的前30位债务国中包含19个"一带一路"沿线国家，分别是希腊、印度、越南、印度尼西亚、伊拉克、巴基斯坦、孟加拉国、埃及、菲律宾、白俄罗斯、乌克兰、缅甸、斯里兰卡、土耳其、约旦、泰国、柬埔寨、乌兹别克斯坦、土库曼斯坦。

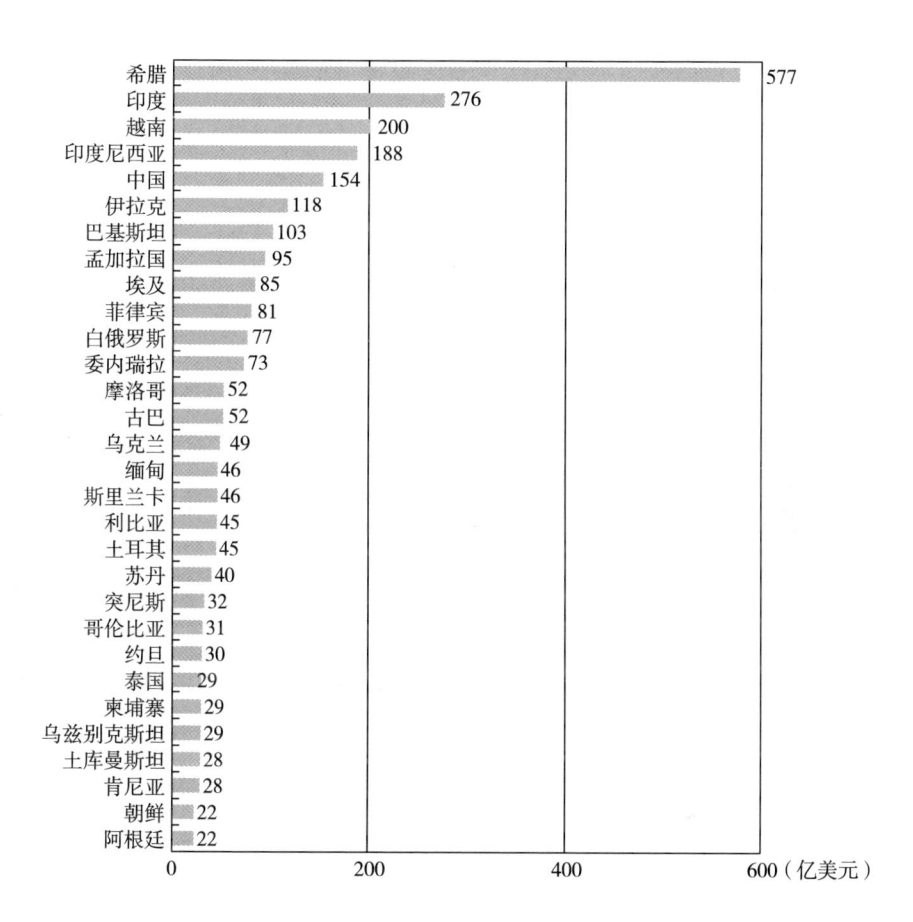

国家	金额（亿美元）
希腊	577
印度	276
越南	200
印度尼西亚	188
中国	154
伊拉克	118
巴基斯坦	103
孟加拉国	95
埃及	85
菲律宾	81
白俄罗斯	77
委内瑞拉	73
摩洛哥	52
古巴	52
乌克兰	49
缅甸	46
斯里兰卡	46
利比亚	45
土耳其	45
苏丹	40
突尼斯	32
哥伦比亚	31
约旦	30
泰国	29
柬埔寨	29
乌兹别克斯坦	29
土库曼斯坦	28
肯尼亚	28
朝鲜	22
阿根廷	22

图 5-2　截至 2019 年巴黎俱乐部前 30 位债务国构成

注：2019 年巴黎俱乐部债务国一览详见附表 26。

资料来源：http：//www.clubdeparis.org/。

从巴黎俱乐部持有的"一带一路"沿线国家债权的绝对规模来看，"一带一路"倡议实施之前，巴黎俱乐部持有的沿线国家债权规模总体呈先上升后下降趋势，从 2008 年的 1832 亿美元上升至 2011 年的 2627 亿美元，再逐年下降；"一带一路"倡议实施之后，巴黎俱乐部持有的沿线国家债权规模呈逐年上升趋势，即由 2014 年的 2110 亿美元稳步上升至 2019 年的 2338 亿美元。

从巴黎俱乐部持有的"一带一路"沿线国家债权占全部国家比

重来看，样本期间"一带一路"沿线国家占比呈上升趋势，2008 年占比为 55.5%，2019 年上涨了 18.2 个百分点，达到 73.7%；尤其是自 2014 年以来，沿线国家占比始终处于 70% 左右。

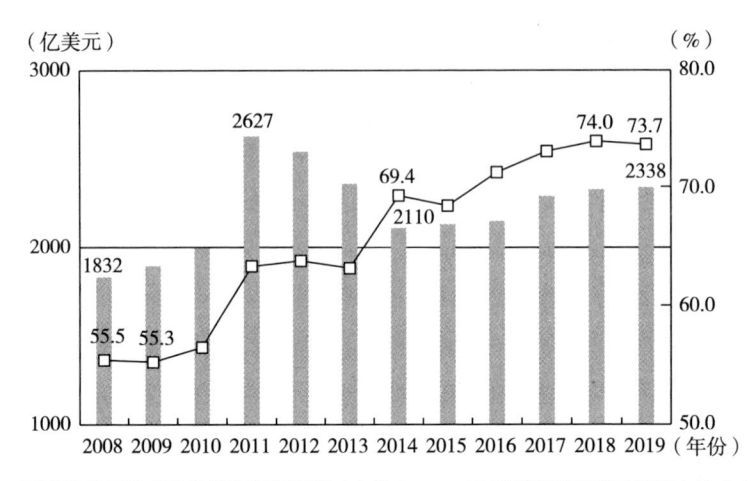

图 5-3　2008—2019 年巴黎俱乐部持有的沿线国家债权规模及占比

注：2008—2019 年巴黎俱乐部持有的沿线国家债务情况详见附表 27。

资料来源：http://www.clubdeparis.org/。

第四节　巴黎俱乐部债务管理的特征与不足

一　巴黎俱乐部债务管理的特征分析

经过了 60 余年的发展，巴黎俱乐部已经逐步发展为全球广泛关注和接纳的集体行动规则，构建了较为完善的债务重组框架。巴黎俱乐部与国际货币基金组织等国际组织展开良好合作，为债务国优化债务安排，降低债务风险发展起着重要作用。通过梳理和回顾巴黎俱乐部的具体实践，其债务处理的有效性主要体现在以下几个方面：

一是与国际货币基金组织等国际组织展开合作，对债务国的债务问题及风险提出合理、高效的解决方案。

二是巴黎俱乐部基于限制性原则对债务国提出要求，将债务国是否与国际货币基金组织就其经济发展计划达成一致作为进入巴黎俱乐部债务处理程序的前提和门槛，有助于在实现债务国债务重组的同时，提升债务国的债务可持续性。

三是巴黎俱乐部通常能够立足于债务国实际，提出有针对性和差异性的救助标准、救助方案，以提高救助效率，如针对重债穷国和伊拉克等国提出的救助方案，充分体现了巴黎俱乐部的个案处理原则。

二　巴黎俱乐部债务管理的不足分析

当然，巴黎俱乐部的债务管理机制也存在一定缺陷，具体体现在以下几个方面：

一是巴黎俱乐部与国际货币基金组织等尚未建立完善的债务风险预警机制，对于债务国可能存在的债务风险并没有得到有效防范，一旦发生债务危机，处理债务国债务问题的成本可能大大提升。例如，自欧洲债务危机爆发以来，2011—2014年希腊在巴黎俱乐部持有的债权规模中位于首位，但国际货币基金组织和巴黎俱乐部对于希腊的债务风险并没有给予充分的重视，对于防范其债务危机的预案和准备不足。

二是巴黎俱乐部和国际货币基金组织更多的是基于发达国家的视角，对债务国开展债务重组安排和金融支持，甚至是针对债务国提出的相关改革举措，并没有充分考虑债务国的经济发展水平和实际情况，导致部分政策举措的实施效果不够理想，如要求某些发展中国家实施紧缩的财政政策和货币政策。

三是巴黎俱乐部解决债务问题的着力点主要是针对债务重组和债务减免，具体改革举措体现在贸易自由化、资本市场开放、改革固定汇率为浮动汇率和加快推动自然垄断部门私有化改革等[1]，对于提高其债务可持续性的措施和手段较为单一，巴黎俱乐部和国际货币基金组织更倾向于以维护债权国的利益来制订和出台相关经济改革方案。

四是巴黎俱乐部通常对债务国开展动态化、阶段性的救助方案，并根据债务国的债务和经济改革情况调整债务减免方案，但巴黎俱乐部对于某些国家的债务救助，往往受到全球政治经济形势和大国博弈的影响，并产生截然不同的救助效果，如巴黎俱乐部对俄罗斯的债务就在某些阶段削弱了其债务负担，但在某些阶段则加剧了其债务负担[2]。

综上所述，巴黎俱乐部持有"一带一路"沿线国家债务相对规模较高，我国亟须加强与巴黎俱乐部的沟通合作，针对沿线国家的政治经济发展，进一步优化降低债务风险，提高债务可持续性的举措和方案。

第五节　巴黎俱乐部对债务国经济影响

一　债务重组有助于缓解债务国的偿债压力

当一国满足进入巴黎俱乐部债务处理程序以后，如何提高债务国的偿付能力和债务可持续性，是巴黎俱乐部债务重组安排的主要内容。一般情况下，巴黎俱乐部的债务重组对于债务国既有直接效应，也有间接效应。直接效应是指债务重组既可以削减债务国的外债规模，也有助于优化债务国的外债结构，改善其国际收支状况，对降低债务国的财政支出压力发挥正向作用。间接效应是指债务重组有助于为债务国营造良好的国际外部环境，有助于债务国实施积

---

[1] Brown, R. P. C., "The IMF and Paris Club Debt Rescheduling: A Conflicting Role?", *Journal of International Development*, 2010, 4, pp. 291 – 313.

[2] 吴鑫凯:《俄罗斯经济危机与俄欧关系》，《国际融资》2015 年第 2 期。

极的财政货币政策,扩大内需,推动经济增长;同时,通过债务互换的方式,可以促进国际资本流向债务国投资规模较大、投资周期较长的项目,如基础设施建设等。

二 影响债务国宏观经济政策尤其是外债政策制定

债务国进入巴黎俱乐部的债务重组程序需要满足待遇可比性原则和限制性原则。待遇可比原则是为了提高债权国对于债务重组行动的积极性,要求债务重组涉及的非俱乐部债权国的待遇不能高于俱乐部债权国的待遇,待遇可比原则的具体内容体现在以下方面:债务规模的减免程度、债务偿还延长的期限、债务互换比例、债务国与其他债权国的双边谈判情况等,待遇可比原则实际上是巴黎俱乐部对债务国提出的不平等要求,债务国需要向巴黎俱乐部做出承诺并提供可比的偿债条件,但巴黎俱乐部并不会对债务国做出相应的承诺和保障。

同时,债务国接受巴黎俱乐部的债务重组安排,需要接受国际货币基金组织要求的改革计划,巴黎俱乐部也会在债务谈判中对债务国的相关经济政策制定提出要求。如1998年俄罗斯金融危机后,俄罗斯政府向国际货币基金组织提出100亿—150亿美元的贷款援助,国际货币基金组织则提出需要打破俄罗斯天然气工业公司等垄断地位;同时,在俄罗斯进行关于苏联政府的债务重组谈判中,德国和法国提出关于跨国企业在俄罗斯开展直接投资的优惠政策。也就是说,国际货币基金组织和巴黎俱乐部的债务重组方案,均是基于发达国家利益的视角,以服务发达国家经济政策为目标,而并非单纯地为推动发展中国家经济发展和提高债务可持续性的,债务国实际上并不能够完全依靠巴黎俱乐部的债务重组方案来解决经济发展中的资金问题,而是可能通过接受债务重组来调整一国宏观经济政策尤其是对外经济政策,甚至可能融入经济全球化进程中过于依附巴黎俱乐部成员国,影响本国经济政策制定的独立性。

第六节　借鉴与启示

当前，发展中国家尤其是部分重债穷国在债务重组方面的话语权不够，与巴黎俱乐部等作为债权国的利益机制相比，尚未成立维护债务国尤其是发展中债务国利益的专门机构，债务国在债务重组安排中处于不利地位。在新冠肺炎疫情之前，许多发展中国家就已面临沉重的债务负担，一直在与不可持续的债务负担做斗争，疫情带来的经济冲击又使发展中国家的财政和债务负担更加沉重。仅在2020年和2021年，发展中国家需要偿还的公共外债就将飙升至2.6万亿美元至3.4万亿美元[①]。但是，国际社会减免发展中国家债务的呼声并没有得到足够相应的支持。为此，需要重视部分沿线国家的减债需求，加强"一带一路"建设中的债务管理。

一　加快设立以中国为主导，"一带一路"沿线国家广泛参与的债务管理机构

为提高"一带一路"沿线国家债务问题的解决效率，建议以互利共赢、开放包容为原则，加快成立以中国为主导，"一带一路"沿线国家广泛参与的国家层面的债务管理机构，有效地解决"一带一路"建设中存在的各种债务问题，切实保障沿线国家权益。

一是定期举办"一带一路"债务合作国际论坛。分享交流前沿债务风险化解经验，汇集并分析研究"一带一路"项目信息，发布相关研究报告，探讨服务"一带一路"建设的债务解决方案。

二是积极参与"一带一路"沿线国家与国际货币基金组织、巴黎俱乐部等组织的债务谈判，为沿线国家争取最有利的债务减免和重组安排，努力提升沿线国家在国际主权债务重组制度体系中的话

---

① 《联合国贸发会议报告呼吁：实质减免债务　防止危机蔓延》，《经济日报》，2020-04-24，http://www.ce.cn/。

语权。

三是推进"一带一路"跨境金融业务合作。推动沿线金融资源整合，促进贸易金融、供应链金融、银团贷款等跨境金融业务合作，推动相关行业标准制定，提高金融服务沿线建设的科学性与合理性。

四是推动创新"一带一路"投融资模式。倡导"当地融资、当地投资"的投融资模式，动员沿线国家的投融资机构积极参与项目建设；推动"一带一路"资本市场互联互通，拓展项目融资渠道，为"一带一路"建设提供全方位的投融资服务。

五是推动建立"一带一路"投融资信息共享平台。收集、整理、规范并分享"一带一路"投融资项目信息，建立相应的评价体系，为会员提供投融资信息服务，提高会员间业务合作效率。

二 合作建立事前预防与事后化解相结合的债务管理机制

如前文所述，巴黎俱乐部对于解决发展中国家政府债务问题发挥着重要作用，但通过梳理和总结巴黎俱乐部对于债务国债务处理的有关做法，不难发现，巴黎俱乐部的贡献更主要体现在对于债务的事后化解，而对于发展中国家债务问题的预警和防范则尚未形成有效的经验做法。为此，亟须在学习和借鉴巴黎俱乐部做法的基础上，加快建立事前预防和事后化解相统一的债务风险处理机制，从源头上规避和减少沿线国家政府债务风险的发生。

一是兼顾满足沿线国家融资需求与债务可持续性，鼓励"一带一路"沿线国家金融机构利用"一带一路"债务可持续性分析框架进行债务风险评估。

二是引入第三方债务评估机制，对"一带一路"建设项目实施对东道国债务水平影响进行动态跟踪和评估，以及时发现和解决问题。

三是进一步展现中国的国际责任和担当，引领和加强"一带一路"沿线国家与国际货币基金组织、巴黎俱乐部等国际组织的沟通与协调，提高沿线国家在国际债务风险处置体系中的话语权，充分维护沿线国家经济利益。

三　加快设立"一带一路"债务重组基金，推动针对沿线国家的差异化债务合作安排

巴黎俱乐部遵循个案处理原则对债务国进行债务重组，根据各国的经济发展水平、债务负担和偿债能力等，设计债务减免程度、债务偿还期限延长方案，但对于如何提高发展中国家债务可持续性的应对方案不够，这些方案在发展中国家尤其是中低收入发展中国家的实践中并没有取得显著成效。为此，在"一带一路"建设中，要从以下方面加以完善：

一是要立足于沿线国家经济发展水平和债务承受能力，注重项目建设与沿线国家发展战略高度对接，提高沿线国家融入"一带一路"建设的积极性，切实从根本上推动沿线国家的经济发展，提升沿线国家的偿债能力。

二是在开展"一带一路"大型基础设施项目建设过程中，充分考虑沿线国家尤其是中低收入沿线国家的债务承受能力和债务可持续性，拓展融资渠道，在融资方式、偿债期限、融资成本和偿还方式等方面实施有针对性和差异性的方案，注重防范和规避债务风险。

三是为有效解决新冠肺炎疫情对"一带一路"建设深入推进和沿线国家经济发展带来的冲击和影响，加快设立"一带一路"债务重组基金，当沿线重债国家存在较大违约风险时，通过双方协商制订适当的债务重组方案，以推动沿线国家经济发展和提高债务可持续性为宗旨，通过债务重组基金来帮助沿线国家化解债务风险。

四是以政局稳定、经济发展基础良好的沿线国家为重点合作对象，帮助这些国家解决债务问题，并充分发挥其示范和带动作用，推动沿线国家共同实现债务可持续性发展。

四　建立健全沿线国家债务管理的动态调整机制

巴黎俱乐部动态化的债务解决方案有助于根据债务国的经济发展及时调整债务减免和债务重组计划，但这一机制也容易受到债权

国大国政治博弈影响，并且可能造成激励约束机制扭曲。因此，应该在学习和借鉴巴黎俱乐部发展经验和教训的基础上，在"一带一路"建设中，设计对债务国更具激励和约束作用的债务管理机制。

一是建立分阶段的动态调整机制，根据合作推进阶段明确防范债务风险的工作重点，分步骤、有层次地制订债务问题处理的具体方案，并按照合作进程、债务国经济发展状况、现有解决方案的实施效果等进行动态调整。

二是建立健全"一带一路"沿线国家政府债务风险管理激励和约束机制，围绕合作领域、双边市场开放程度、融资优惠力度等领域制定正向激励机制，提高债务国防范债务风险的积极性；同时，利用主权信用评级等途径，加强对沿线国家债务风险防范的激励和约束，对于债务风险防范意愿较弱的国家，适当调低主权信用评级与评级展望。

第六章 加强"一带一路"建设债务和风险管理的对策建议

在充分梳理"一带一路"沿线国家政府债务发展现状与风险,并分析"债务陷阱论"的兴起与成因的基础上,应该对加强"一带一路"建设债务和风险管理如何开展,从哪些方向和领域着手、采取哪些举措和实施路径,提出有针对性、可操作性的对策建议。当前,要加强"一带一路"沿线国家债务和风险管理,能够采取的行动主要包括持续积累共识、共同加强能力建设、搭建合作平台、夯实合作机制等,具体而言,现阶段可以从以下方面加强"一带一路"建设的债务和风险管理。

第一节 持续深化"一带一路"沿线国家债务管理与合作共识

一 落实"一带一路"沿线国家现有债务管理和合作共识

(一)加快制定"一带一路"沿线国家债务管理与合作行动规划,加快落实现有投融资合作共识

"一带一路"沿线国家间已经达成了一些关于债务管理与合作的重要共识,为实现区域间债务可持续性注入了新动力,为推动区域间投融资合作提供了重要支撑。为深入落实《"一带一路"融资指导原则》等合作共识,应加快制定"一带一路"沿线国家债务管理与合作行动规划,通过具体的、可落地的措施来落实现有债务合

作共识，以建立高质量的债务合作机制，构建良好的区域间投融资环境。

(二) 加快推动"一带一路"沿线国家间债务管理机构的交流合作

为认真落实好第二届"一带一路"国际合作高峰论坛的各项成果和关于"一带一路"建设资金融通达成的各项共识，应积极担当大国责任，树立与大国外交相适应的大国债务管理理念。一是进一步推动"一带一路"沿线国家债务管理结构之间的交流与合作，定时举办由中国有关部门发起的高级别国际债务管理与合作会议。二是向"一带一路"沿线国家派驻债务管理领域专业人才，深化"一带一路"沿线国家之间的人才交流与合作。

二 加强"一带一路"沿线国家债务与风险管理合作研究

(一) 适时成立"一带一路"沿线国家政府债务研究中心，为推动沿线国家债务可持续性提供智力支持

为切实提高沿线国家债务与风险管理能力，促进"一带一路"资金流通，应加快建设以中国为主导的"一带一路"沿线国家政府债务研究中心，旨在打造债务管理高端智库，以贡献中国智慧，为加强"一带一路"债务与风险管理贡献中国力量。

一是适时成立以财政、金融和外汇管理部门为主体的"一带一路"沿线国家政府债务研究中心，整合政府、高校、中介机构等各方力量，建立跨学科、跨业界、跨国界协同创新的发展机制，打造"一带一路"沿线国家债务管理智库，为我国与沿线国家加强投融资合作和防范沿线国家债务风险提供有力的决策咨询服务。

二是在研究内容上加强探索，如突破巴黎俱乐部债务重组安排的局限，引领国际金融秩序重构和切实保障沿线国家的权益。

(二) 多渠道汇聚"一带一路"沿线国家债务管理诉求，坚持问题导向，加强债务监管区域合作

进一步深化债务管理合作与协调，需要在目标、原则、政策、服务、风险以及化解争端解决机制等一系列层面上进行科学设计和

重构。

一是加强财政部、外汇管理局等有关部门与智库、企业之间的合作，深化对"一带一路"沿线国家债务问题的研究，充分调研我国企业在"一带一路"沿线国家投资合作中遇到的相关问题，明确"一带一路"沿线国家间债务管理合作的重点方向。

二是充分利用各种交流平台，汇集"一带一路"沿线国家在债务管理合作领域的诉求，坚持以问题为导向，推动国家间国际债务合作的进程。

三是通过行业协会指导中介服务机构，研究我国企业在"一带一路"建设过程中面临的债务问题，围绕跨境投资活动热点开展专题研究和合作交流。

（三）加强债务管理领域人才储备，拓宽债务管理领域人才培养渠道，打造高质量、国际化债务管理人才队伍

推动建立"一带一路"沿线国家政府债务研究中心，需要加快培养一批具有国际视野、熟悉国际规则、了解"一带一路"沿线国家债务管理与风险水平的高质量人才队伍。

一是加强人才储备，构建具有扎实的理论功底和丰富的实践经验，债务管理知识储备充足的债务管理领域专家库。

二是与有关部门加强沟通，选派高层次债务管理人员赴"一带一路"沿线国家以及与中国经济往来较密切的国家驻外使（领）馆、经商处工作，与国际货币基金组织、巴黎俱乐部等国际组织建立合作机制，拓宽国际视野。

第二节　建立健全"一带一路"沿线国家共同遵循的债务管理规则

一　合作建立"一带一路"沿线国家投资争端解决机制

国际投资争端解决中心（以下简称ICSID）是依据《解决国家

与他国国民间投资争端公约》而建立的世界上第一个专门解决国际投资争议的仲裁机构。ICSID依托世界银行，通过调解和仲裁方式，专为解决成员国与其他成员国之间投资争端的机构。对于"一带一路"沿线国家而言，ICSID存在覆盖面不够、更倾向于保护投资者利益、公正性和透明度不够、仲裁员主要来自发达国家等弊端，为此，亟须加快构建"一带一路"投资纠纷解决机制，具体可以从以下几个方面推进：

一是借鉴ICSID的运作模式，依托亚投行建立"一带一路"沿线国家投资争端解决机构，出台《"一带一路"沿线国家投资纠纷解决公约》，并鼓励沿线国家在自愿的基础上积极签署公约，切实保障沿线国家利益。这一机构的组织架构、法律地位和管辖权等具体设置可以参考ICSID，并结合沿线国家实际情况进行调整。

二是利用调解与仲裁相结合的方式，推动纠纷得以圆满解决，充分兼顾各方利益。在纠纷解决机制中设置调解方式，力争以调解的方式解决部分纠纷，避免个别"一带一路"沿线低收入国家因为仲裁费用高、耗时长等因素放弃解决纠纷。

三是在程序设置上注重区分调解和仲裁，分别设置调解员和仲裁员职位，各司其职。加快培育"一带一路"沿线国家仲裁员与调解员队伍，提升仲裁员与调解员的专业技能和职业素养。

四是设置常设上诉机构，建立健全上诉机制，有效地平衡投资者和沿线国家权益。若仲裁中存在自由裁量权过大，相关程序不公正、不透明，未能充分考虑沿线国家利益等，应该借鉴ICSID有关仲裁裁决撤销的规则和程序，推动建立公平、效率的投资争端解决机制。

二 加快建立"一带一路"沿线国家主权信用评级体系

当前，国际权威评级机构是标准普尔、穆迪和惠誉，主权信用评级话语权仍然掌握在西方发达国家手中，进而导致全球信用资源配置失衡。按照三大评级机构的评级结果，部分"一带一路"沿线国家及企业并未得到公正、客观的评级结果，进而影响其拓宽融资渠道和开展基础设施建设。为此，有必要加快建立以中国为主导，立足于"一带一路"沿线国家实际的评级机构，提升"一带一路"沿线国家在主权评级体系中的话语权。

一是充分发挥亚洲信用评级协会、世界信用评级集团等平台作用，加强"一带一路"沿线国家信用机构的跨境交流与合作，增强各国评级机构跨国作业的能力，加快推进级别互认，实现资源共享、优势互补，推动信用评级在国际投资合作中的广泛应用，满足跨国信用服务需求。

二是加快建立以中国评级结构为主导，符合沿线国家利益需求的"一带一路"评级体系。基于西方评级思想和现存评级体系，加快建立立足"一带一路"沿线国家发展实际，顺应信用经济发展需求的新型国际评级体系。

三是加快培养信用评级专业人才，推动信用人才科学化、规范化、标准化管理，切实为加快建设"一带一路"信用评级体系提供重要的人力资源保障。

第三节　促进"一带一路"沿线国家债务和风险管理能力共同提升

一　加大对"一带一路"沿线低收入国家技术援助与培训

"一带一路"沿线国家中以发展中国家为主，部分国家的债务管理能力难以满足"一带一路"建设需求。为此，应加大对"一带一路"低收入国家的金融培训与技术援助来提高其债务管理能力，具体体现在以下几个方面：

一是增加开办关于"一带一路"沿线国家债务管理业务培训讲座频率。在当前复杂多变的国际形势下，聚焦"一带一路"沿线国家债务管理，以"一带一路"建设重点项目投融资过程中存在的问题为导向，提高线上线下专题培训讲座的频率，向沿线国家分享中国经验，提升"一带一路"沿线国家债务管理机构及重点项目管理人员防范债务风险的能力。

二是增加咨询平台数量，为"一带一路"沿线国家和企业提供更加便利、高效的培训咨询服务，以高质量服务帮助低收入国家债务管理机构或者企业解决相关投融资问题。组织中国有关高校或者智库，向沿线国家提供更多、更深层次的债务知识培训，增进"一带一路"沿线国家之间的债务管理合作，共同加强债务管理能力建设。

三是支持和鼓励"一带一路"沿线国家主动分享解决债务问题的经验做法。加强各沿线国家之间沟通交流，积极完善债务问题解决方案，增进债务管理合作，共同提升债务与风险管理能力。

二 推动建立"一带一路"沿线国家政府债务管理能力互助平台

"一带一路"沿线国家应加快构建债务管理能力互助平台，防范沿线国家债务风险，提高债务可持续性，具体举措包括以下几个方面：

一是组织团队开展实地调研，全方位掌握影响"一带一路"沿线国家政府债务管理的障碍性因素。通过深入了解"一带一路"沿线国家债务管理机构和重点项目面临的问题与挑战，以及推动建立"一带一路"沿线国家债务管理互助平台存在的困难，进而提出有切实可行的解决方案。

二是广泛动员"一带一路"沿线国家组织座谈并达成共识。"一带一路"沿线国家应加快促进各国债务管理机构之间的交流，推动与会国进一步凝聚共识，为建立债务管理能力互助平台夯实基础。

三是加强"一带一路"沿线国家互动，凝聚合力共同建设债务管理能力互助平台。在各国达成广泛共识之后，"一带一路"沿线国家应完善有关细节，加快建立以共商、共建、共享为原则的债务管理能力互助平台。

第四节　兼顾中国企业对外投资合作有序推进与沿线国家政府债务可持续性

一　加快建立考虑沿线国家债务可持续性的包容性合作机制

对于东道国尤其是发展中东道国而言，经济全球化和对外开放是一把"双刃剑"，一方面，渴望通过融入经济全球化，加快对外开放步伐，利用国际直接投资和国际承包工程等途径提升本国经济发展水平；另一方面，又担心对外开放给本国经济带来诸多负面影响，如可能提高政府债务风险水平等。"一带一路"建设归根结底要靠市场机制推动，既要确保中国对外投资合作获取稳定投资收益，又要注重不至于对沿线国家政府债务造成恶性负担，进而充分发挥中国对外投资合作对东道国经济社会发展的正向外部效应。从对外投资合作的主要途径来看，中国对外直接投资、对外承包工程给东道国带来了资金、技术、管理、人力资本等要素流入，有助于推动基础设施建设、创造就业、增加税收、促进经济增长；同时，中国对外承包工程也可能导致东道国政府因支付项目建设资金而增加政府债务。

鉴于"一带一路"沿线国家投资环境千差万别，相关效应的影响因素众多，应从对外直接投资的投资主体、产业分布、区位分布、进入方式和股权比例等，以及从对外承包工程的项目类型、投融资模式、风险分担机制等方面，建立考虑东道国利益和风险的包容性合作机制，制订具有针对性、适用性和普遍性的方案和对策设计。其中，最为敏感的是，中国对外投资合作应不至于引起"一带一路"沿线国家政府债务明显增加，相反应起到降低东道国政府债务的良性作用，促进东道国的债务可持续性。这就需要进一步加强国别投资环境研究，提高项目投资决策的科学性，重点考虑对接东道国发展战略、满足当地人民利益诉求、弥补资金和技术需求缺口、债务风险可控的项目。

同时，中国企业应注重联合全球资本参与"一带一路"建设，充分发挥国际投融资平台的作用，降低重大基础设施建设项目对中国资金的依赖度。进一步推动保险业互联互通，加快面向"一带一路"建设的保险产品和服务创新，发挥保险对中国企业对外投资合作项目的服务和保障水平。

二　加快培育一批具有国际知名度和影响力的跨国公司

自"一带一路"倡议提出以来，取得了举世瞩目的成绩，基础设施、经贸园区、产业投资、人文合作等领域的建设项目在"一带一路"沿线国家广泛开展，促进了相关东道国经济社会发展。但一直以来，西方国家对"一带一路"倡议多有质疑和意识形态攻击，个别国家别有用心地给"一带一路"倡议加上了"新版马歇尔计划""中国威胁论"等标签，试图挑起东道国和国际社会对"一带一路"建设的疑虑。目前，中国企业对外投资合作的品牌建设不够，已落地的"一带一路"重大工程项目的示范带动效应仍较小，存在正面效应未能得到客观评价、国际舆论引导体系缺失、国际话语权构建滞后等问题。

因此，在"一带一路"倡议下的中国对外投资合作，必须讲好中国故事，发出中国声音，提升国际社会对中国对外投资合作的正面理解和认识。

一是加快培育一批具有国际知名度和影响力的跨国公司，打造中国企业形象和品牌。

二是充分利用国际权威评估机构，准确评估"一带一路"重大标志性工程对东道国的正向经济效应，并通过有国际影响力的媒介和平台加以传播。

三是加强新时代"一带一路"话语体系建设，打造"一带一路"沿线国家媒体联盟，提升中国与相关国家对"一带一路"建设相关话题的话语权。

三 提升中国企业履行海外社会责任的意识和能力

对于跨国公司而言，在东道国履行社会责任是指对员工、消费者、生态环境等各利益主体的相关义务，企业社会责任履行越来越受到东道国和国际社会的广泛关注。国际上成功的大型跨国公司发展经验表明，履行企业海外责任是提高企业国际竞争力、有效融合当地社会、树立良好企业形象和实现互利共赢的必由之路。目前，有一些中国企业的海外社会责任履行经验不足，有的企业投资铜矿、建设水电站等，对环保问题缺乏足够重视导致项目被延期或者取消；有的企业盲目降低生产经营成本，产品和服务质量打折扣；有的企业不符合当地用工法规，劳动者权益保障不足等。

因此，在当前推进"一带一路"建设面临西方社会重重质疑的背景下，更应加强鼓励和引导中国企业积极履行海外社会责任。

一是要制定中国企业海外投资经营的指导文件，加强对企业履行海外社会责任的规范和引导，完善相应的配套奖励和支持政策，增强企业对履行海外社会责任的重视和主动意识。

二是充分发挥行业协会在鼓励企业履行海外社会责任中的重要作用，形成"行业推动+企业实践"的组合拳效应。

三是制定企业海外社会责任履行的信息跟踪、披露与宣传机制，让企业海外经营在阳光下运行，提升国际社会对中国企业履行社会责任的认识和了解。

四 加强企业境外经营合规体系建设

全球投资规则处于新一轮重构期，随着"准入前国民待遇""负面清单""竞争中立""知识产权保护"等原则的推进和落实，不仅对国际投资格局产生重大影响，也对中国企业全球化提出了更高的要求。为主动对接新一轮国际投资规则，推动"一带一路"倡议下中国对外投资合作高质量发展，需要明确企业境外经营合规管理的主要内容和关键环节，从企业实际出发，加强企业境外经营合规体系建设。目前，中国企业境外经营合规意识有待加强，合规能力建设不够，存在因未能够与"一带一路"沿线国家法律法规、监管要求和行业规范保持一致而形成的风险。

因此，需要中国企业在对外投资合作过程中，主动对接高标准国际投资规则、遵守东道国法律法规，加强境外合规经营体系建设。

一是中国应与"一带一路"签约国家、国际组织进一步落实各项协议内容和重要共识，为中国企业在"一带一路"沿线国家投资合作提供更加稳定、透明、可预期的政策保障环境。

二是加强落实《企业境外经营合规管理指引》，推动我国各省（自治区、直辖市）制定更具有针对性的企业海外合规经营管理办法，地方商务部门应加强对企业海外合规经营的具体指导和支持。

三是支持中国企业充分利用国际律师机构和咨询机构，为企业海外经营进行法律咨询和合规经营服务，提升企业自觉合规经营的意识和规避东道国法律风险的能力。

附 表

附表1　"一带一路"沿线国家中央政府债务占GDP比重

单位：%

年份 国家	2005	2006	2007	2008	2009	2010	2011	2012	2013	2014	2015	2016	2017	2018
阿尔巴尼亚	58.2	56.7	53.6	55.1	59.7	57.7	59.4	62.1	65.5	70.0	72.7	72.4	70.1	68.0
阿富汗	206.4	23.0	20.1	19.1	16.2	7.7	7.5	6.8	6.9	8.7	9.1	7.8	7.5	6.9
阿曼	9.6	8.7	6.9	4.7	6.7	5.8	5.2	4.9	5.0	4.9	15.5	32.7	46.4	53.4
阿塞拜疆	6.9	5.3	4.0	3.2	4.7	5.0	5.0	5.8	6.2	8.5	18.0	20.6	22.5	18.8
爱沙尼亚	2.1	1.8	1.3	1.7	3.5	3.2	3.2	10.7	10.9	11.1	10.7	10.1	10.0	9.4
巴基斯坦	58.9	53.7	52.4	57.2	58.5	60.6	58.9	63.2	63.9	63.5	63.3	67.6	67.0	71.7
巴林	24.2	20.3	16.3	12.6	21.4	29.7	32.8	36.2	43.9	44.4	66.0	81.3	88.2	94.7
白俄罗斯	8.3	8.8	11.5	12.9	21.4	22.5	46.9	30.3	30.8	32.9	46.9	47.1	47.2	42.8

续表

年份 国家	2005	2006	2007	2008	2009	2010	2011	2012	2013	2014	2015	2016	2017	2018
保加利亚	29.8	27.8	23.1	19.8	21.4	21.3	20.6	21.8	22.1	32.6	31.0	35.1	31.3	28.0
波黑	25.5	21.2	18.7	30.9	35.1	40.8	39.6	42.2	42.5	45.9	45.5	44.1	39.2	34.3
波兰	46.6	46.6	42.2	44.3	46.0	48.6	49.2	48.7	50.6	45.3	46.4	49.9	46.7	45.1
不丹	82.6	75.5	70.3	63.6	64.5	59.5	67.1	76.3	100.3	96.2	95.7	109.2	108.0	102.4
俄罗斯	13.3	8.4	6.7	6.1	7.8	8.4	8.9	9.6	11.1	13.8	14.1	13.8	13.5	12.9
哈萨克斯坦	7.1	5.9	5.4	6.3	9.5	10.2	9.9	12.0	12.9	14.4	20.8	18.9	19.2	19.6
黑山	35.2	30.9	25.5	27.6	36.2	39.2	43.0	53.4	57.5	56.2	62.3	60.8	61.1	68.3
吉尔吉斯斯坦	85.7	73.4	57.7	49.0	58.5	59.7	50.1	50.5	47.1	53.6	67.1	59.1	58.8	56.0
捷克	21.2	22.8	23.2	24.8	30.0	33.9	37.2	41.1	41.1	38.6	36.4	33.8	32.2	30.4
卡塔尔	19.2	13.4	8.9	11.1	32.4	29.1	33.5	32.1	30.9	24.9	35.5	46.7	49.8	48.6
科威特	11.8	8.3	7.0	5.4	6.7	6.2	4.6	3.6	3.1	3.4	4.7	10.0	20.7	14.7
克罗地亚	35.9	33.4	31.9	37.4	46.3	56.4	63.0	68.8	79.5	83.0	82.9	79.5	76.9	73.6
拉脱维亚	10.1	8.3	6.5	15.5	31.6	39.3	36.6	35.9	35.5	38.2	34.6	38.8	35.9	34.5
老挝	73.2	60.0	55.9	51.7	51.8	49.3	43.0	46.1	49.5	53.5	53.1	54.2	55.8	57.2
黎巴嫩	179.0	183.1	169.0	160.9	144.2	136.9	133.9	130.4	135.4	137.8	140.7	146.1	149.0	151.0
立陶宛	16.8	16.4	15.0	13.4	26.4	33.6	34.0	36.8	35.9	37.6	39.8	37.7	38.2	33.1

续表

年份国家	2005	2006	2007	2008	2009	2010	2011	2012	2013	2014	2015	2016	2017	2018
罗马尼亚	16.1	13.4	13.0	12.5	21.2	28.6	33.0	35.7	36.4	38.3	37.4	37.6	35.8	35.9
马尔代夫	43.2	36.8	35.8	39.0	48.4	52.7	51.9	57.1	55.9	55.1	53.3	59.4	61.6	68.0
马来西亚	40.2	38.7	38.3	38.0	48.5	48.9	49.3	50.9	52.3	51.9	53.6	51.9	50.1	51.2
马其顿	35.9	29.8	22.9	20.0	23.1	23.7	27.4	33.3	33.8	37.8	37.9	39.6	39.3	40.3
蒙古	55.9	41.9	36.5	38.6	44.7	26.4	29.3	45.7	51.3	56.8	62.3	78.8	72.5	59.1
孟加拉国	39.9	39.6	39.1	38.2	37.1	33.0	34.0	33.9	33.8	33.2	31.4	31.1	30.5	31.7
缅甸	105.6	94.7	75.5	58.6	53.0	50.2	47.7	46.5	43.4	37.6	37.1	39.8	35.2	38.2
摩尔多瓦	27.7	25.2	19.3	15.4	20.2	21.9	19.5	20.1	19.7	20.6	23.0	31.6	28.9	27.4
尼泊尔	51.5	48.9	43.2	41.9	38.5	34.0	31.7	34.3	32.2	28.2	25.6	27.9	26.1	30.2
塞尔维亚	51.2	37.8	30.9	30.1	33.3	40.3	42.7	53.2	56.3	66.4	70.0	67.9	57.9	53.8
塞浦路斯	95.9	90.6	84.9	77.3	89.1	93.2	103.5	119.1	145.2	151.0	150.6	146.4	135.6	142.8
沙特阿拉伯	37.3	25.8	17.1	12.1	14.0	8.4	5.4	3.0	2.1	1.6	5.8	13.1	17.2	19.0
斯里兰卡	79.2	76.8	74.3	71.1	75.2	71.6	71.1	69.6	71.8	72.2	78.5	79.0	77.4	83.3
斯洛伐克		35.5	34.8	33.9	42.6	47.0	49.2	58.5	57.9	57.1	56.7	56.8	55.6	55.1
斯洛文尼亚	24.0	23.4	21.1	18.9	30.6	32.7	40.9	46.4	60.3	69.1	70.2	67.2	66.9	63.8
泰国	24.4	23.3	22.6	22.0	26.8	27.8	27.3	28.5	29.6	29.9	32.1	30.6	32.5	34.0

续表

年份 国家	2005	2006	2007	2008	2009	2010	2011	2012	2013	2014	2015	2016	2017	2018
土耳其	49.3	43.8	37.9	38.3	44.2	40.9	37.2	33.9	32.4	30.0	29.0	29.1	28.2	28.7
土库曼斯坦	5.4	3.3	2.4	2.8	2.4	4.0	10.0	18.1	20.0	16.8	21.8	24.1	28.8	29.1
文莱	0.3	0.6	0.7	0.9	1.1	1.1	2.1	2.1	2.2	3.2	3.0	3.0	2.8	2.6
乌克兰	17.7	14.8	12.3	19.8	34.7	40.0	36.4	36.7	39.9	69.4	79.3	80.9	71.8	60.9
希腊	108.1	103.8	102.9	108.3	125.7	150.5	177.7	159.8	178.0	181.4	181.3	184.9	182.4	194.3
新加坡	95.0	89.4	89.4	96.4	106.4	101.3	104.5	107.5	99.0	99.3	103.0	109.1	110.7	114.3
匈牙利	58.6	62.2	62.6	68.0	73.5	75.3	75.8	74.0	74.6	75.2	74.7	74.5	72.7	71.0
亚美尼亚	20.5	16.2	14.2	14.6	34.1	33.8	35.7	35.6	36.3	39.4	44.1	51.9	53.7	51.3
也门	43.8	40.8	40.4	36.4	49.8	42.4	45.7	47.3	48.2	48.7	65.5	79.6	84.3	64.8
伊拉克	227.3	143.2	117.1	74.2	87.4	53.5	40.7	34.8	32.0	32.9	56.9	64.3	58.9	49.3
伊朗	13.0	11.9	11.4	9.1	10.1	11.7	8.9	12.1	10.7	11.8	38.4	47.5	39.5	32.2
以色列	86.3	78.2	71.3	70.4	73.1	69.3	67.4	67.2	65.9	64.7	62.4	60.4	58.8	59.2
印度尼西亚	43.5	35.9	32.3	30.2	26.5	24.4	23.1	23.0	24.9	24.7	27.5	28.3	29.4	29.8
印度尼西亚	52.2	49.1	47.4	47.5	49.4	44.7	45.8	47.1	47.0	46.0	45.8	45.6	44.3	43.9
约旦	84.3	76.3	73.8	60.2	64.8	67.1	70.4	79.1	85.5	87.8	92.4	93.8	94.3	94.4
越南	37.7	34.0	33.6	32.7		51.7	50.1	50.8	54.5	58.0	61.0	63.7	61.4	

资料来源：国际货币基金组织数据库。

附表 2　　　　　　　　非"一带一路"沿线国家中央政府债务占 GDP 比重

单位：%

年份 国家	2005	2006	2007	2008	2009	2010	2011	2012	2013	2014	2015	2016	2017	2018
阿尔及利亚	26.3	23.6	13.5	8.1	9.8	10.5	9.3	9.3	7.6	7.7	8.7	20.5	27.3	38.3
安哥拉	33.5	18.7	21.0	31.4	56.3	37.2	29.6	26.7	33.1	39.8	57.1	75.7	69.3	89.0
安提瓜和巴布达	92.7	89.2	77.9	76.1	101.0	89.7	91.8	87.5	95.8	104.6	100.3	87.6	90.6	89.5
阿根廷	80.3	70.8	62.1	53.8	55.4	43.5	38.9	40.4	43.5	44.7	52.6	53.1	57.1	86.1
澳大利亚	7.4	6.6	6.1	7.6	11.6	14.4	17.0	19.4	21.4	24.6	28.5	31.6	32.2	30.0
奥地利	55.6	54.2	51.9	55.1	58.6	59.7	59.1	59.5	59.9	58.9	57.8	58.3	57.1	54.8
巴哈马	22.0	22.8	23.0	25.5	30.9	33.7	35.3	36.4	44.4	47.3	48.0	50.0	53.9	62.6
巴巴多斯	75.2	77.8	77.9	82.0	100.4	108.9	112.3	124.1	135.3	139.4	147.9	150.6	159.1	126.3
比利时	83.5	80.5	77.0	82.2	85.9	85.3	87.7	88.7	89.7	90.7	90.0	90.3	88.2	87.0
伯利兹	102.4	95.7	93.4	85.8	93.7	89.5	83.6	79.6	78.2	76.8	79.3	93.2	94.5	95.2
贝宁	27.0	8.4	14.3	18.3	18.7	21.0	21.9	19.5	18.5	22.3	30.9	35.9	39.6	41.0
玻利维亚	73.0	49.0	37.1	33.9	36.2	34.4	30.2	29.1	28.3	27.7	29.5	31.2	32.9	33.6
博茨瓦纳	7.8	6.6	5.7	7.6	18.8	21.4	20.6	19.8	18.1	17.4	17.9	15.8	13.6	12.3
巴西	66.3	64.0	62.5	60.7	63.9	61.3	59.3	59.8	57.2	58.5	67.5	73.5	79.0	82.5
布基纳法索	44.1	22.7	25.7	25.9	29.1	31.2	27.6	28.4	29.1	29.9	35.6	39.2	38.4	42.9
布隆迪	137.0	130.3	129.6	102.5	25.7	46.9	42.7	41.4	36.1	35.8	45.3	48.4	51.7	58.4
佛得角	85.3	77.7	65.0	57.6	64.1	72.5	78.5	91.1	102.5	115.9	126.6	128.4	127.2	124.5

续表

年份 国家	2005	2006	2007	2008	2009	2010	2011	2012	2013	2014	2015	2016	2017	2018
喀麦隆	47.7	19.8	14.7	11.7	12.0	14.7	15.7	15.4	18.2	21.5	25.9	26.7	30.5	33.8
加拿大	36.1	33.7	29.8	34.8	42.7	43.3	44.2	45.3	41.6	39.9	42.5	41.4	39.0	36.6
中非	103.0	46.7	47.9	35.8	20.3	19.9	19.7	31.5	51.8	62.2	59.8	53.9	50.3	49.9
乍得	28.5	26.2	22.1	19.9	31.6	30.1	30.6	28.8	30.5	41.5	43.9	51.5	49.8	48.3
智利	7.0	5.0	3.9	4.9	5.8	8.6	11.1	11.9	12.7	15.0	17.3	21.0	23.5	25.6
哥伦比亚	32.8	31.1	27.3	27.2	28.9	29.6	29.1	27.4	29.6	32.9	37.3	37.4	38.3	41.8
科摩罗	39.9	38.5	36.2	33.4	31.8	30.4	27.3	25.0	10.5	13.5	14.3	16.9	18.4	21.0
刚果布	108.3	98.8	110.6	79.4	86.7	46.3	36.2	39.0	43.3	53.6	102.9	118.6	117.5	87.8
哥斯达黎加	37.5	33.2	27.1	24.1	26.2	28.4	29.9	34.3	35.9	38.5	41.0	45.1	48.7	53.5
科特迪瓦	80.4	79.4	74.0	70.8	64.2	63.0	69.2	45.0	43.4	44.8	47.3	48.4	49.8	53.2
丹麦	38.3	31.8	27.1	31.2	36.4	38.2	41.0	40.0	38.4	38.2	33.4	30.8	29.5	27.8
吉布提	60.4	58.4	56.7	59.3	29.6	27.9	25.7	25.1	24.6	26.9	39.9	45.7	47.9	48.0
多米尼克	84.9	80.4	74.9	66.5	62.8	67.3	68.6	74.0	75.0	79.9	77.7	69.5	76.9	78.2
多米尼加	17.5	18.8	16.6	22.5	26.9	27.1	28.3	31.5	36.8	35.9	34.4	36.1	37.9	38.8
厄瓜多尔	32.4	26.5	25.2	20.6	14.9	17.8	17.3	20.1	22.9	27.5	30.9	35.6	41.3	42.6
萨尔瓦多	43.9	44.0	41.5	41.4	50.3	49.9	48.1	51.3	49.2	49.6	49.7	49.6	48.8	48.2
赤道几内亚	2.9	1.2	0.8	0.5	4.3	7.9	7.2	7.1	6.3	12.6	33.6	43.4	38.0	43.3

续表

年份 国家	2005	2006	2007	2008	2009	2010	2011	2012	2013	2014	2015	2016	2017	2018
厄立特里亚	205.3	199.0	201.3	259.7	207.1	201.7	165.3	160.1	194.6	143.4	190.3	170.1	196.2	174.3
斯威士兰	13.5	14.6	16.1	14.6	10.5	14.1	14.7	14.8	15.0	14.1	18.1	25.3	27.8	35.8
斐济	44.0	49.2	46.0	47.5	51.5	51.8	48.6	47.7	45.8	44.5	43.0	44.0	43.7	46.2
芬兰	35.6	33.6	29.5	28.2	36.2	41.5	42.7	46.4	48.2	50.9	53.4	53.2	51.5	49.7
法国	54.3	51.4	51.2	55.3	67.0	68.3	69.6	72.0	74.7	76.0	76.6	78.9	79.8	81.0
加蓬	49.3	39.6	39.2	20.1	26.0	21.3	21.4	21.4	31.1	34.1	44.7	64.2	62.6	60.7
冈比亚	82.6	87.3	38.0	39.5	38.9	42.9	49.2	49.5	58.2	71.1	69.4	80.9	87.0	86.6
德国	41.1	41.0	39.4	39.9	44.3	52.0	49.9	50.6	49.5	47.7	45.3	43.6	41.6	39.6
加纳	34.0	18.6	22.6	24.9	27.0	34.6	31.4	35.6	43.2	51.2	54.8	57.1	57.3	59.3
格林纳达	87.3	92.9	89.1	83.9	91.1	96.9	100.7	103.3	108.1	101.8	90.1	81.6	70.1	63.5
危地马拉	21.6	21.9	21.6	20.1	23.0	24.5	23.9	24.4	24.8	24.7	24.4	24.3	23.9	24.5
几内亚	97.9	95.2	60.8	58.5	61.3	68.8	58.1	27.2	34.0	35.1	41.9	42.5	40.6	38.2
几内亚比绍	222.0	204.0	177.2	163.3	159.0	68.3	51.7	53.5	57.1	65.0	61.7	62.5	57.2	64.3
圭亚那	118.4	97.0	61.0	62.5	67.1	67.9	66.8	63.5	57.8	51.9	50.1	50.7	51.4	52.9
海地	46.7	38.7	34.2	37.0	26.8	17.2	11.8	16.1	21.5	26.3	30.3	33.7	31.0	33.3

续表

年份 国家	2005	2006	2007	2008	2009	2010	2011	2012	2013	2014	2015	2016	2017	2018
洪都拉斯	43.9	28.3	17.2	20.1	23.9	29.2	31.6	35.3	43.1	44.4	44.3	46.0	47.5	48.7
冰岛	20.6	26.6	24.8	62.2	75.4	80.6	88.0	85.2	78.2	77.1	62.0	49.4	40.1	35.9
爱尔兰	28.9	26.1	26.4	45.0	64.6	89.7	115.0	123.8	123.7	108.7	80.0	77.0	70.9	71.1
意大利	101.8	101.0	98.1	100.7	110.1	112.9	114.0	120.9	127.0	130.3	130.3	130.3	130.2	131.1
牙买加	127.7	121.1	118.2	128.9	145.2	144.2	142.7	148.6	142.0	140.3	124.0	115.4	102.9	96.8
日本	136.5	137.5	137.4	145.2	159.8	167.3	180.0	187.1	191.3	194.8	192.3	197.6	196.8	198.4
肯尼亚	48.3	44.0	38.4	41.5	41.1	44.4	43.0	43.9	44.0	48.6	51.4	54.5	55.2	60.1
基里巴斯	10.5	11.3	9.9	12.9	9.3	8.5	8.0	7.4	8.3	8.7	19.9	21.9	21.6	20.6
韩国	25.9	28.1	27.4	26.9	30.0	29.5	30.2	30.8	33.7	35.5	37.3	37.6	37.7	37.9
莱索托	52.8	54.8	50.9	44.9	34.1	31.8	33.7	37.0	38.5	38.8	43.2	37.0	37.1	44.5
利比里亚	464.2	407.6	336.2	197.4	114.0	21.9	19.3	17.6	17.9	21.7	25.9	28.3	34.0	39.9
利比亚	1.9	1.7	4.1	1.2	2.3	1.7	11.8	2.4	4.2	80.4	189.3	192.8	142.7	
卢森堡	0.8	1.5	1.4	8.5	8.7	13.0	12.1	14.1	15.7	15.0	14.5	13.5	16.7	16.1
马达加斯加	86.5	37.4	32.8	35.2	39.2	37.0	35.0	35.5	42.5	34.7	35.7	47.1	46.0	45.7
马拉维	99.9	25.2	26.7	33.1	33.1	27.2	28.1	40.3	50.6	47.8	54.4	55.1	57.1	59.5
马里	46.6	18.1	18.5	20.2	21.9	25.3	24.0	25.4	26.4	26.9	30.7	36.0	36.0	37.3
马耳他	63.5	59.0	57.3	57.5	63.3	63.2	65.6	64.9	65.1	60.3	55.2	52.9	47.5	43.2

续表

年份 国家	2005	2006	2007	2008	2009	2010	2011	2012	2013	2014	2015	2016	2017	2018
毛里塔尼亚	154.8	82.6	73.4	52.9	62.4	57.0	50.9	50.6	51.3	59.5	75.2	77.4	75.9	82.9
墨西哥	19.6	20.0	20.5	24.0	27.5	26.9	27.7	28.2	30.8	32.6	35.0	37.0	35.3	35.4
摩洛哥	59.3	54.8	50.9	45.4	46.1	49.0	52.5	56.5	61.7	63.3	63.7	64.9	65.1	65.0
莫桑比克	70.2	46.6	36.0	36.3	41.9	43.3	38.0	40.1	53.1	67.2	94.2	129.9	100.5	99.8
纳米比亚	27.1	25.2	19.4	19.1	15.9	16.3	27.4	24.6	25.0	26.8	41.0	43.5	41.6	46.3
新西兰	20.8	18.4	16.3	19.0	24.3	29.7	34.7	35.7	34.6	34.2	34.4	33.5	31.6	29.8
尼加拉瓜	66.6	51.2	30.9	26.0	29.3	30.3	28.8	27.9	28.8	28.7	28.9	30.9	33.9	37.2
尼日尔	64.1	23.6	23.8	19.0	21.6	20.6	20.1	24.6	26.0	29.0	39.9	44.6	54.4	53.8
尼日利亚	18.9	9.4	8.1	7.3	8.6	9.4	10.2	10.4	10.5	10.6	11.5	14.2	16.0	24.1
挪威	16.8	12.2	11.3	13.4	25.8	25.2	20.0	20.8	19.7	15.5	15.5	16.6	15.8	14.8
巴布亚新几内亚	31.5	26.0	22.2	21.6	21.7	17.3	16.3	19.1	24.9	26.9	29.9	33.7	33.1	35.5
巴拉圭	18.4	14.2	11.8	10.2	9.8	8.7	7.3	9.3	10.2	12.4	14.8	15.5	15.9	17.1
秘鲁	37.2	29.9	25.8	23.1	22.8	20.7	18.4	16.9	16.1	17.1	20.2	21.2	21.4	22.0
葡萄牙	65.3	67.0	66.2	69.5	81.0	93.8	109.2	125.6	128.6	131.2	129.7	130.7	126.6	123.3
卢旺达	67.0	23.4	23.2	19.2	18.0	19.0	16.3	18.6	20.8	26.6	29.7	32.9	36.5	40.7
圣基茨和尼维斯	89.1	98.5	92.9	87.7	90.2	93.5	87.8	84.0	58.2	51.2	41.7	37.5	35.4	27.7
圣卢西亚	58.0	54.2	51.0	51.7	55.8	56.1	59.9	67.4	69.4	70.0	66.5	67.3	66.4	64.9

续表

国家\年份	2005	2006	2007	2008	2009	2010	2011	2012	2013	2014	2015	2016	2017	2018
圣文森特和格林纳丁斯	46.2	38.9	39.1	38.9	45.9	53.6	57.0	60.9	63.2	68.6	67.6	68.4	61.8	64.0
萨摩亚	35.0	34.4	32.3	28.9	32.3	41.2	42.1	49.2	53.6	54.4	57.8	52.6	49.1	50.3
圣马力诺	14.5	14.2	13.0	15.8	20.4	20.3	19.5	23.3	35.0	32.9	33.5	35.2	76.6	77.9
塞内加尔	36.1	17.3	18.6	18.9	26.9	28.3	32.7	34.2	36.8	42.4	44.5	47.5	61.2	61.6
塞舌尔	144.1	135.1	144.0	192.1	106.1	82.2	82.5	80.1	68.2	72.7	67.0	69.0	63.2	56.9
塞拉利昂	111.7	103.2	42.2	42.4	48.1	46.8	44.8	36.8	30.5	35.0	44.9	55.5	57.9	63.0
所罗门群岛	53.3	48.4	43.9	35.5	33.9	28.5	20.6	17.0	15.3	11.9	10.1	7.9	9.5	9.4
南非	33.2	31.4	27.1	26.5	30.1	34.7	38.2	41.0	44.1	47.0	49.3	51.5	53.0	56.7
西班牙	35.7	32.4	29.5	33.0	45.2	51.0	58.3	73.3	82.9	87.0	87.0	86.7	86.7	86.7
苏丹	75.5	63.7	53.7	55.8	71.0	74.6	78.1	117.7	105.8	84.4	92.2	128.4	159.2	212.1
苏里南	28.9	23.9	17.4	15.6	15.6	18.5	20.0	21.4	29.6	26.4	43.4	75.2	78.0	72.8
瑞典	52.0	47.1	41.6	39.5	43.0	39.5	38.4	39.1	41.8	44.4	43.1	41.2	39.6	38.0
瑞士	25.2	22.3	19.9	19.2	18.0	17.1	16.8	16.8	16.4	15.8	15.0	14.0	14.5	13.2
圣多美和普林西比	295.7	269.6	103.8	58.5	72.4	79.5	78.0	81.0	71.2	69.5	85.8	95.3	91.7	74.5

续表

年份 国家	2005	2006	2007	2008	2009	2010	2011	2012	2013	2014	2015	2016	2017	2018
多哥	85.1	91.4	102.3	92.7	80.6	46.3	47.3	48.0	57.2	62.8	72.1	81.4	76.0	76.2
汤加	40.0	39.0	35.7	33.5	37.6	42.5	50.0	55.0	48.3	46.0	50.0	48.3	44.8	42.9
特立尼达和多巴哥	19.0	16.2	15.7	13.0	20.0	19.6	28.0	24.6	24.5	23.6	27.9	38.8	42.5	44.9
突尼斯	52.4	48.0	44.8	42.0	40.7	39.2	43.1	47.7	46.8	51.5	55.4	62.3	70.6	77.0
图瓦卢	39.4	39.8	34.6	37.5	31.1	27.4	24.2	27.5	27.3	64.5	56.9	47.2	37.0	28.1
乌干达	55.2	36.0	22.0	20.3	19.2	22.4	23.4	24.5	27.8	30.7	34.3	37.1	39.7	41.4
英国	38.9	39.8	40.8	48.8	62.9	74.3	79.8	83.1	84.2	86.1	86.9	86.9	86.1	85.7
美国	45.6	44.8	45.2	53.6	65.1	73.9	78.8	83.1	85.4	86.0	86.8	89.3	88.8	90.5
乌拉圭	68.1	62.3	53.0	52.3	45.2	40.2	39.9	38.8	38.9	39.7	47.7	47.1	47.5	50.5
瓦努阿图	26.3	22.2	19.1	20.6	20.5	19.4	20.7	18.4	17.6	24.8	34.7	45.2	52.1	51.4
约旦河西岸和加沙	25.5	21.0	25.1	25.2	26.7	24.7	28.1	32.3	32.8	37.4	40.9	35.6	35.4	36.6
赞比亚	75.7	25.0	21.9	19.2	20.5	18.9	20.8	25.4	27.1	36.1	62.3	60.7	65.5	78.1
津巴布韦	33.1	39.4	44.7	61.1	62.0	49.6	41.4	37.2	38.6	40.3	41.8	54.2	52.9	37.1

资料来源：国际货币基金组织数据库。

附表3　2000—2018年"一带一路"沿线国家外债负债率　　　　　　　　　　　　　　　　　　　　　　单位：%

年份 国家	2000	2001	2002	2003	2004	2005	2006	2007	2008	2009	2010	2011	2012	2013	2014	2015	2016	2017	2018
阿尔巴尼亚	32.2	29.4	27.2	27.7	22.4	26.4	28.3	27.8	33.1	38.3	45.6	50.3	60.0	71.0	65.3	76.0	73.7	77.3	66.8
阿富汗							14.0	20.8	21.2	19.9	15.4	14.8	13.6	12.6	12.8	13.2	13.4	13.5	13.4
阿塞拜疆	30.1	26.5	27.1	26.7	25.0	17.0	13.3	11.8	9.2	10.3	13.7	11.7	15.5	14.3	16.1	25.3	39.0	37.9	34.4
埃及	29.3	29.0	33.8	36.7	39.8	34.1	28.9	26.5	20.8	18.7	16.8	14.9	14.3	16.1	13.7	15.0	20.8	35.9	39.3
巴基斯坦	40.3	40.2	42.3	39.8	33.8	28.4	27.2	27.7	29.2	33.6	35.5	30.3	27.9	25.3	25.5	24.7	26.2	28.3	28.9
白俄罗斯	20.6	22.7	23.3	21.2	19.9	17.5	17.8	27.7	24.9	43.4	49.7	54.9	51.4	52.4	50.8	67.8	78.6	72.3	64.7
保加利亚	90.7	79.5	75.1	67.4	63.5	62.0	81.5	98.7	97.5	107.1	100.5	83.1	95.0	92.6	82.4	79.2	73.7	68.6	60.2
波黑	50.7	46.4	47.6	53.6	52.1	62.4	67.0	73.3	68.6	79.5	83.2	77.0	82.0	81.1	74.2	85.3	85.3	84.7	78.4
不丹	49.8	59.1	74.1	81.7	88.1	82.4	82.4	68.6	97.5	63.7	60.4	60.2	81.4	91.3	96.5	100.4	106.1	106.4	104.2
俄罗斯	56.5	46.0	40.1	43.2	36.2	32.7	31.4	32.0	25.2	33.2	27.4	26.6	26.8	29.2	26.7	34.3	41.8	32.9	27.2
菲律宾	69.9	74.0	71.2	72.1	64.4	54.6	45.1	37.9	32.2	31.8	31.4	28.2	26.5	23.3	25.9	25.0	22.9	22.6	22.7
格鲁吉亚	59.7	59.3	59.9	53.8	45.2	33.6	33.2	29.4	60.3	80.6	71.8	71.6	73.5	76.2	77.5	96.1	104.5	98.0	97.3
哈萨克斯坦	70.5	69.2	74.8	75.3	77.0	76.8	91.9	91.8	80.0	95.2	80.5	64.5	65.2	63.3	71.2	83.2	119.3	95.3	87.5
黑山							32.3	35.3	33.0	56.7	109.5	121.9	151.3	161.2	143.1	153.4	142.9	147.9	144.4

续表

年份国家	2000	2001	2002	2003	2004	2005	2006	2007	2008	2009	2010	2011	2012	2013	2014	2015	2016	2017	2018
吉尔吉斯斯坦	141.5	119.6	121.9	112.0	115.8	91.7	91.6	75.7	70.6	87.8	85.9	88.6	91.4	92.9	97.7	113.3	116.7	106.0	98.2
柬埔寨	52.9	50.6	52.0	54.1	51.1	44.0	39.3	23.9	23.8	30.0	34.0	34.9	46.7	48.8	48.7	51.2	49.3	50.7	54.3
老挝	146.2	146.2	180.2	123.9	124.6	119.9	110.2	118.1	103.8	109.4	91.9	80.9	72.8	68.6	72.7	80.9	85.6	86.9	86.8
黎巴嫩	58.4	76.7	91.4	94.8	107.7	106.1	110.0	104.4	151.2	130.1	124.4	124.4	126.5	132.4	133.7	135.6	137.8	139.2	144.4
罗马尼亚	30.2	31.5	36.4	39.3	39.6	39.5	44.2	48.3	46.4	65.3	69.4	65.2	70.6	64.9	56.0	54.2	51.0	53.9	46.4
马尔代夫	32.5	26.8	30.1	27.8	27.7	31.1	35.2	41.3	50.5	59.0	35.4	31.8	30.8	31.2	29.7	24.5	27.3	30.8	43.8
马其顿	39.2	40.4	41.9	38.2	49.8	47.6	48.1	50.1	43.8	55.8	54.8	58.4	66.4	62.3	63.7	67.2	70.4	75.6	69.2
蒙古	84.4	74.6	78.9	96.8	80.0	55.3	43.8	41.1	38.8	65.1	82.5	92.5	126.6	152.4	173.3	186.7	230.1	251.8	224.1
孟加拉国	29.2	27.7	30.5	30.7	30.3	26.6	28.1	27.1	25.5	24.8	23.3	21.2	21.4	21.2	19.1	18.6	17.5	18.9	19.0
缅甸	72.7	94.0	98.9	71.0	72.9	59.8	51.8	39.9	28.1	25.7	20.5	18.5	19.1	22.8	21.9	21.1	21.1	21.8	19.6
摩尔多瓦	142.9	120.9	118.2	106.8	81.4	74.3	76.9	76.5	61.5	68.3	67.7	62.0	61.1	65.3	61.5	78.8	77.2	72.3	63.7
尼泊尔	52.4	45.7	49.6	50.8	46.3	39.2	37.6	35.0	29.5	29.4	23.7	20.2	20.2	20.8	19.9	19.4	20.3	19.7	18.8
塞尔维亚	168.3	96.3	66.6	63.4	55.7	58.4	61.2	60.7	58.4	74.9	78.7	64.3	79.3	75.0	70.1	79.0	72.7	77.8	67.9
斯里兰卡	56.6	56.8	61.2	56.8	56.1	46.3	41.9	43.8	40.1	46.4	38.2	39.5	52.2	52.9	53.3	54.5	56.6	58.1	59.5

续表

国家\年份	2000	2001	2002	2003	2004	2005	2006	2007	2008	2009	2010	2011	2012	2013	2014	2015	2016	2017	2018
塔吉克斯坦	132.6	107.5	102.7	81.8	56.2	48.3	37.5	36.3	48.4	53.5	63.1	60.1	60.5	57.6	56.2	65.5	74.3	85.2	79.4
泰国	63.2	55.9	46.9	38.4	33.8	30.9	28.2	23.9	22.9	28.7	31.2	31.1	37.3	36.1	35.9	32.8	33.3	34.5	33.4
土耳其	42.8	56.4	54.3	46.2	39.4	34.6	38.2	38.5	38.0	43.3	39.0	36.7	38.8	41.1	43.5	46.5	47.4	53.5	57.7
土库曼斯坦	90.4	63.4	47.8	32.1	26.6	14.2	9.6	6.7	3.9	3.3	2.4	1.6	1.4	1.3	0.9	1.0	1.4	2.1	2.2
乌克兰	44.5	58.5	55.5	51.6	49.5	40.8	50.4	56.7	55.3	89.9	91.6	84.0	76.1	80.0	95.0	129.0	123.2	102.9	87.5
乌兹别克斯坦	36.0	45.7	53.1	52.5	43.3	32.4	26.0	20.9	17.2	20.9	16.7	14.7	14.3	15.5	16.4	17.2	19.3	28.5	35.0
亚美尼亚	53.3	66.6	72.4	71.1	58.9	40.2	33.5	33.5	31.0	57.1	68.1	73.1	71.9	78.1	73.7	84.6	94.4	89.6	88.4
也门	53.4	52.6	49.8	46.5	40.4	32.7	30.0	28.4	23.1	27.1	21.0	19.6	21.4	19.0	17.9	19.7	25.1	29.3	25.5
印度	21.6	20.5	20.5	19.6	17.4	14.8	17.0	16.8	18.9	19.1	17.3	18.3	21.5	23.0	22.4	22.8	19.8	19.3	19.2
印度尼西亚	87.3	82.7	65.6	57.2	53.7	49.7	37.3	34.2	31.0	33.2	26.3	24.6	27.5	28.9	32.8	35.7	34.2	34.8	36.4
约旦	128.9	130.6	134.0	122.4	112.8	101.1	91.6	86.4	62.7	59.7	63.7	60.4	58.9	68.0	66.8	67.7	69.5	74.1	75.9
越南	41.2	38.7	38.0	39.4	38.8	32.2	28.2	29.9	26.7	30.9	38.8	39.8	39.5	38.2	38.9	40.3	41.7	46.5	44.1

资料来源：世界银行世界发展指标数据库。

附表4　2000—2018年"一带一路"沿线国家外债债务率

单位：%

年份 国家	2000	2001	2002	2003	2004	2005	2006	2007	2008	2009	2010	2011	2012	2013	2014	2015	2016	2017	2018
阿尔巴尼亚	167.4	140.7	144.9	149.0	110.6	126.1	114.5	104.4	113.5	134.1	146.9	159.1	194.6	222.7	206.8	246.0	224.6	218.5	192.9
阿富汗															120.0	154.7	188.7	187.1	137.2
阿塞拜疆	72.9	62.9	62.8	62.8	51.8	26.9	20.0	17.2	13.8	19.5	25.1	20.2	28.6	28.6	35.4	63.2	79.8	73.2	59.8
埃及	156.0	161.6	173.2	147.6	115.9	95.1	79.1	72.5	58.6	77.6	74.5	74.3	82.0	103.4	88.1	131.6	203.4	193.6	187.9
巴基斯坦	326.5	301.7	275.3	244.1	224.0	172.6	174.2	181.0	185.5	246.6	219.1	200.2	195.6	191.7	200.1	228.0	265.3	285.0	289.1
白俄罗斯	37.0	35.6	39.3	34.3	30.4	29.9	30.1	46.1	41.1	89.0	95.3	71.8	63.9	88.1	90.5	114.5	122.6	105.7	89.4
保加利亚	164.0	141.8	145.4	125.9	107.4	104.7	127.5	159.4	166.4	228.3	193.7	136.5	152.7	138.6	122.9	119.7	110.9	97.6	88.5
波黑	124.2	118.2	141.4	157.2	152.2	165.8	164.0	215.1	204.4	262.9	251.1	215.3	230.0	219.3	198.1	221.4	216.1	191.9	174.6
不丹							188.8	120.8	100.7	132.1	154.0	140.4	194.2	233.9	271.4		352.6	349.6	313.3
俄罗斯	127.2	121.6	112.7	117.3	100.6	87.2	85.8	95.5	71.6	108.0	87.1	88.3	92.8	105.4	90.1	108.7	143.0	113.3	81.0
菲律宾	189.8	208.8	197.9	192.9	168.5	152.4	120.3	110.2	106.5	112.8	106.7	102.0	92.4	86.9	91.8	93.6	87.3	76.5	76.9
格鲁吉亚	183.7	188.0	176.5	150.1	123.4	89.1	90.6	81.9	181.9	236.2	191.5	180.3	170.8	161.9	169.3	206.8	223.1	183.2	168.2
哈萨克斯坦	123.0	147.2	156.1	152.6	144.0	139.8	172.3	173.3	133.4	214.3	174.7	135.5	144.2	160.3	178.6	288.0	373.6	282.5	224.9
黑山								75.3	72.7	141.6	263.9	252.0	314.6	338.9	306.9	312.8	302.2	307.6	293.9
吉尔吉斯斯坦	328.5	317.0	302.8	285.1	269.4	234.4	195.7	139.4	133.3	175.0	181.2	169.8	170.9	176.8	220.1	308.2	326.6	313.5	292.5
柬埔寨	104.3	93.9	92.5	99.1	85.2	74.0	63.9		48.1	62.2	62.7	56.2	72.0	68.8	66.0	67.8	67.3	69.1	70.3
老挝	493.2	526.5	658.1		540.2	430.1	339.3	400.8	370.6	427.9	284.0	288.0	249.8	259.1	231.6	251.7	259.8	253.6	245.4
黎巴嫩			285.8	150.4	176.8	152.4	143.1	133.3	177.4	199.4	215.6	198.4	255.4	282.6	302.0	310.1	330.6	335.3	355.7
罗马尼亚	92.1	94.2	104.1	112.0	111.4	152.1	167.1	182.8	165.2	237.5	207.4	169.4	181.0	153.0	127.6	122.9	114.2	120.0	104.4

续表

年份 国家	2000	2001	2002	2003	2004	2005	2006	2007	2008	2009	2010	2011	2012	2013	2014	2015	2016	2017	2018
马尔代夫	43.4	49.3	53.9	49.6	48.6	73.1	69.9	42.2	57.8	80.5	45.6	36.0	35.7	35.3	33.2	32.0	37.8	43.8	62.8
马其顿	125.7	140.1	162.7	139.0	161.4	136.2	123.1	109.2	95.9	165.3	135.7	122.2	143.1	137.0	128.5	133.4	134.1	133.4	112.4
蒙古	153.3	145.2	152.5	181.9	129.9	93.6	73.0	67.6	71.7	128.5	173.2	208.4	345.0	423.4	345.4	422.4	453.7	418.4	370.1
孟加拉国	214.0	216.7	240.4	231.0	213.9	173.5	154.3	150.5	132.3	148.9	123.5	100.5	102.8	100.2	99.6	103.4	102.8	120.1	117.7
缅甸	302.0	242.8	272.5	281.6	260.1	186.8	162.2	136.3	139.0	149.5	129.4	128.2	117.8	111.1	102.8	97.8	101.0	101.2	87.3
摩尔多瓦	263.3	221.9	199.6	165.7	127.0	118.6	136.0	137.0	121.3	161.5	173.8	142.0	141.2	147.6	143.6	184.8	184.9	174.6	163.9
尼泊尔	212.5	227.9	301.9	286.3	259.8	224.2	244.5	217.7	190.0	215.7	212.7	178.0	175.2	159.7	142.2	154.8	167.2	165.9	162.2
塞尔维亚								221.2	203.9	283.7	249.9	195.2	220.6	187.7	164.7	172.0	148.2	152.6	134.0
斯里兰卡	141.7	142.5	167.5	159.8	155.9	141.9	134.4	143.6	157.1	214.4	189.8	182.8	260.5	258.5	250.2	257.3	265.4	263.6	256.4
塔吉克斯坦		163.0	127.8	95.5	126.6	91.6	85.5	117.1	160.4	158.4	133.7	130.3	160.8	200.6	229.6	225.7	224.6
泰国	92.8	84.1	74.1	60.2	49.8	44.4	40.1	33.6	31.2	43.4	45.7	42.8	52.5	52.5	51.1	47.7	48.5	50.3	50.2
土耳其	219.6	214.3	226.3	198.0	168.8	157.2	168.9	170.3	156.5	184.2	185.0	162.3	160.4	168.6	168.8	186.1	200.4	200.4	182.4
乌克兰	75.2	110.6	105.8	93.8	80.6	80.9	109.2	124.2	113.2	185.7	177.0	153.8	142.9	163.9	178.8	218.9	217.4	182.7	161.3
乌兹别克斯坦									117.4	202.7	193.5	194.6	189.5	196.7	86.4	101.4	123.8	112.4	101.8
亚美尼亚	182.6	211.9	194.5	173.9	139.4	101.3	92.9	105.4	70.8	93.3	81.1	73.2	86.5	89.1	91.8	108.0	102.2	100.7	93.4
印度	161.9	151.6	143.3	134.7	102.4	75.6	79.2	80.7	105.5	141.0	117.6	101.9	118.2	127.0	145.6	176.7	185.6	177.0	171.6
印度尼西亚	197.1	204.6	191.3	190.7	170.8	146.5	123.6	117.6	105.5	141.0	117.6	118.2	127.0	145.6	176.7	185.6	177.0	171.6
约旦	263.0	268.0	258.5	235.1	197.5	173.8	152.9	140.3	101.6	120.0	125.2	122.2	123.2	154.3	148.0	173.5	189.9	198.8	199.1
越南	73.5	69.6	67.2	66.1	57.7	50.2	41.1	41.5	37.3	51.5	56.1	50.8	49.4	45.8	44.9	44.8	45.1	45.5	41.6

资料来源：世界银行世界发展指标数据库。

附表5　2000—2018年"一带一路"沿线国家短期外债占外债余额的比重

单位：%

年份 国家	2000	2001	2002	2003	2004	2005	2006	2007	2008	2009	2010	2011	2012	2013	2014	2015	2016	2017	2018
阿尔巴尼亚	3.3	2.7	2.5	9.6	0.1	7.3	15.3	17.2	27.0	14.8	13.7	16.8	19.9	22.1	21.7	20.7	21.4	21.4	21.4
阿富汗	9.9	6.8	4.9	5.3	6.4	8.3	2.0	1.1	0.9	0.9	4.3	8.5	9.6	4.1	9.8	12.4	13.7	16.0	14.0
阿塞拜疆	14.0	7.8	7.2	6.1	5.5	5.4	18.6	29.0	25.3	13.1	13.8	1.2	15.1	15.2	16.7	11.5	9.5	4.4	3.5
巴基斯坦	4.6	4.1	4.6	3.4	3.4	3.6	5.5	6.5	8.4	7.2	8.6	8.6	16.6	6.1	8.0	8.9	17.3	13.2	10.5
白俄罗斯	47.3	46.8	47.9	52.3	63.8	66.1	66.8	58.8	49.9	41.1	41.8	39.6	34.5	35.5	32.1	9.7	9.7	10.1	9.1
保加利亚	12.1	10.9	15.0	18.7	19.7	24.0	28.7	32.0	34.6	32.0	29.9	27.0	26.9	25.9	23.8	30.0	28.3	24.6	24.7
波黑	1.4	1.5	10.8	2.3	4.6	11.7	13.5	12.0	8.9	10.4	8.0	9.3	8.0	6.9	5.7	21.9	21.7	23.6	24.3
不丹	0.7	0.0	0.3	0.9		1.9	2.2	2.2	1.2	0.6	0.6	0.7	5.2	4.7	0.2	4.6	4.5	1.9	1.7
俄罗斯联邦	10.7	13.4	11.8	16.4	12.3	10.9	13.0	24.1	17.7	13.1	14.4	12.8	13.8	12.6	11.2		0.0	0.1	0.2
菲律宾	9.4	10.3	9.3	9.8	8.3	10.9	8.7	12.0	12.0	7.1	16.1	18.2	23.7	25.5	21.1	9.0	8.5	9.8	10.6
格鲁吉亚	2.4	4.1	1.6	1.8	4.6	2.3	16.9	22.2	13.4	10.7	12.5	14.3	17.8	15.9	15.7	19.7	19.9	19.2	20.4
哈萨克斯坦	7.5	8.7	10.0	12.1	11.9	18.5	16.7	12.0	8.9	6.4	7.4	7.0	6.7	6.3	6.2	14.2	14.9	15.3	15.6
黑山								31.2	40.1	51.2	4.1	8.2	8.7	7.2	4.3	4.2	4.3	4.8	5.3
吉尔吉斯斯坦	6.7	2.6	0.5	1.7	12.8	5.9	8.0	11.1	10.8	10.3	4.7	3.4	3.5	4.5	4.3	3.8	2.3	2.0	2.6
柬埔寨	0.0	0.0	0.0	0.0	0.0	0.0	0.0		3.3	7.4	9.9	11.1	12.8	13.0	13.4	4.7	4.6	4.4	5.7
老挝	0.1	0.1	0.3	0.0	0.1	1.7	2.7	3.4	2.6	3.2	0.9	0.8	0.8	9.8	8.5	6.0	5.3	5.1	2.6
黎巴嫩	23.5	24.4	13.7	13.7	15.7	12.5	13.3	16.5	7.0	6.5	7.5	6.8	7.4	12.5	12.4	12.4	11.1	11.8	7.0
罗马尼亚	6.8	7.8	11.0	11.0	14.7	19.1	30.7	34.8	25.7	14.1	14.9	16.3	13.5	12.5	11.0	12.9	12.8	13.1	14.1
马尔代夫	8.9	22.3	17.4	11.6	9.6	15.5	17.7	16.8	40.5	43.7	15.9	15.6	11.4	8.6	13.3	15.6	10.9	7.6	11.3

续表

年份国家	2000	2001	2002	2003	2004	2005	2006	2007	2008	2009	2010	2011	2012	2013	2014	2015	2016	2017	2018
马其顿	3.7	4.9	4.6	2.7	29.5	26.8	26.3	38.3	30.2	26.9	23.6	26.0	26.1	20.7	16.8	15.0	14.7	15.4	15.4
蒙古	1.3	1.5	4.0	18.5	10.5	1.8	1.8	3.3	3.2	8.3	6.2	6.1	5.8	8.1	11.2	11.1	10.1	11.0	10.5
孟加拉国	2.1	2.4	3.4	3.3	3.6	3.7	5.8	6.3	8.1	7.6	11.0	7.7	6.9	11.7	12.6	18.3	20.2	22.8	17.3
缅甸	8.1	8.4	9.6	10.4	11.0	11.0	11.2	11.4	11.8	11.4	11.6	11.0	8.6	6.4	5.8	5.7	5.8	5.8	5.9
摩尔多瓦	26.1	24.3	24.9	25.6	28.0	32.3	32.1	32.1	36.5	36.8	31.1	31.7	24.4	29.5	25.2	20.0	21.6	23.9	26.2
尼泊尔	1.0	2.0	1.3	1.7	1.1	1.5	2.4	1.5	1.5	1.2	1.6	2.2	3.0	6.2	8.4	8.4	8.8	8.5	4.6
塞尔维亚	39.4	42.5	19.9	19.7	11.6	13.9	11.3	8.6	12.1	10.6	8.5	3.7	3.0	1.5	1.6	2.8	3.8	4.6	6.2
斯里兰卡	7.4	8.2	9.3	7.1	8.9	6.8	5.8	9.4	16.7	18.2	11.1	13.9	18.0	17.2	17.3	17.3	15.9	15.8	15.5
塔吉克斯坦	6.7	6.8	4.8	6.4	7.1	2.4	2.8	5.4	3.6	2.8	16.9	18.6	21.5	23.2	22.7	18.7	15.8	12.2	14.6
泰国	18.6	19.6	18.9	18.7	19.7	27.4	28.5	29.1	30.7	41.2	47.6	41.0	39.2	40.8	38.4	39.6	38.4	41.0	35.6
土耳其	24.8	14.5	12.7	16.0	19.3	22.4	20.3	16.6	18.1	17.6	25.7	26.7	29.6	33.4	33.3	26.3	24.7	26.1	25.9
土库曼斯坦	9.4	12.2	19.1	16.8	24.2	12.3	15.3	10.7	5.9	12.6	10.3	10.5	17.2	14.0	0.2	0.2	30.3	53.2	33.8
乌克兰	3.2	38.5	37.5	34.9	32.5	34.4	28.3	28.4	20.7	18.9	21.9	23.9	26.0	23.7	17.9	17.0	17.6	19.3	18.1
乌兹别克斯坦	5.0	9.7	6.2	4.6	3.2	1.9	4.1	4.3	3.4	3.3	3.1	2.8	6.7	3.9	3.9	4.8	3.8	5.0	4.1
亚美尼亚	4.4	3.0	12.8	20.2	19.5	15.1	14.3	16.2	14.4	10.7	10.4	12.2	11.0	13.2	10.6	7.4	10.8	8.6	10.3
印度	3.4	2.8	3.9	5.3	5.6	7.3	15.7	17.7	19.3	18.2	19.4	23.3	23.8	21.7	18.7	17.0	18.4	19.1	20.0
印度尼西亚	15.1	15.1	13.7	14.5	16.0	7.8	9.0	12.6	13.0	13.4	16.7	17.4	17.5	17.5	15.7	12.5	12.8	13.2	12.6
约旦	39.7	39.9	40.9	39.1	41.4	44.5	47.2	49.7	61.5	59.0	53.0	54.3	52.7	46.9	44.8	40.0	38.4	36.3	35.9
也门	13.4	8.2	6.1	4.0	5.4	6.0	5.7	6.8	6.3	7.5	1.9	2.0	1.8	3.4	4.1	4.1	3.4	5.1	5.1
越南	6.4	5.7	5.1	5.3	9.6	11.0	13.0	19.0	15.9	14.6	15.4	20.0	20.0	18.6	18.8	15.4	14.8	21.0	18.1

资料来源：世界银行世界发展指标数据库。

附表6　2000—2018年"一带一路"沿线国家外汇储备与外债余额比值

单位：%

年份 国家	2000	2001	2002	2003	2004	2005	2006	2007	2008	2009	2010	2011	2012	2013	2014	2015	2016	2017	2018
阿尔巴尼亚	57.6	66.7	73.3	66.9	86.4	67.6	71.9	72.8	55.5	51.4	46.7	38.1	35.2	30.6	30.8	36.3	35.6	35.7	38.5
阿富汗									141.9	172.0	212.0	241.5	262.1	281.7	288.1	264.6	280.4	298.0	315.0
阿塞拜疆	42.9	47.8	42.6	41.4	49.6	52.4	89.4	109.4	143.8	117.7	88.3	133.5	104.1	143.5	130.7	54.4	44.5	43.2	41.1
埃及	47.2	48.0	47.4	47.9	48.8	71.5	83.8	93.1	101.2	98.6	100.7	53.0	39.2	35.6	35.8	31.8	34.2	43.1	42.4
巴基斯坦	6.3	13.2	26.0	32.4	29.4	32.6	34.5	37.5	18.2	24.1	27.4	27.4	21.9	13.1	23.0	30.0	30.1	21.4	13.0
白俄罗斯	13.4	14.0	20.2	16.8	18.2	25.3	21.1	33.4	20.2	25.5	17.7	23.2	24.0	16.8	12.7	10.9	13.1	18.5	18.4
保加利亚	29.2	32.3	39.4	47.9	56.2	47.0	42.0	40.0	33.8	33.3	34.0	36.1	40.0	38.6	42.9	55.2	63.5	70.2	72.0
波黑	17.8	46.3	42.2	40.4	44.0	36.4	42.6	43.6	34.2	32.7	30.9	29.6	31.1	33.8	35.3	34.4	35.6	42.3	43.0
不丹	150.1	118.6	91.9	74.3	66.3	71.2	75.6	87.2	110.3	113.3	107.2	73.8	65.9	61.8	67.6	54.9	49.2	46.3	38.7
俄罗斯	18.9	25.7	34.9	42.2	58.9	73.0	97.6	115.0	101.7	108.1	114.7	91.4	90.9	76.2	70.3	78.7	70.7	83.5	103.2
菲律宾	25.8	26.9	27.2	27.2	26.5	31.5	39.9	57.0	64.4	79.0	95.4	113.6	120.8	125.7	103.2	105.4	110.6	109.5	100.5
格鲁吉亚	6.4	8.5	9.9	9.1	16.7	22.2	36.2	45.6	19.2	24.3	25.8	26.1	23.7	21.5	19.8	17.5	17.4	19.1	19.2
哈萨克斯坦	16.3	16.3	17.0	21.4	27.9	16.1	25.7	18.3	18.6	21.1	23.7	23.5	20.9	16.5	18.5	18.2	18.1	19.3	19.7
黑山								53.0	29.0	24.3	12.3	7.1	7.4	8.1	10.1	11.0	12.7	14.1	15.1
吉尔吉斯斯坦	13.5	15.7	16.2	18.6	22.0	27.1	31.5	40.9	33.8	38.5	41.8	33.3	34.2	32.8	26.8	23.5	24.8	26.7	26.6
柬埔寨	31.4	34.6	41.0	39.0	41.0	41.8	49.4	103.7	107.0	105.3	99.8	90.8	75.2	67.3	75.1	79.0	89.6	104.8	104.0
老挝	5.7	6.1	7.1	11.3	10.0	10.0	12.7	14.7	15.9	16.0	18.4	16.8	17.4	13.2	12.8	9.2	6.8	7.7	6.3
黎巴嫩	84.1	55.8	59.4	86.0	69.2	72.9	79.4	79.5	64.2	84.8	93.0	96.4	94.3	77.1	78.8	71.7	76.4	74.9	66.0

续表

年份 国家	2000	2001	2002	2003	2004	2005	2006	2007	2008	2009	2010	2011	2012	2013	2014	2015	2016	2017	2018
罗马尼亚	30.2	38.1	43.4	41.6	54.2	55.6	56.0	47.4	40.0	39.1	41.6	40.2	38.7	39.4	38.6	40.1	41.6	39.0	37.6
马尔代夫	60.5	40.9	50.3	55.4	60.8	52.2	42.3	40.3	21.2	19.9	39.7	39.5	35.8	37.2	57.2	57.1	40.0	41.0	31.0
马其顿	31.1	53.3	46.9	49.5	35.0	45.0	57.3	54.2	48.6	43.6	44.1	43.5	44.7	40.8	41.0	36.5	36.6	32.8	37.6
蒙古	21.1	21.8	24.3	13.2	13.0	23.9	48.2	57.5	30.1	44.4	38.6	25.4	26.5	11.7	7.8	6.0	5.1	10.5	12.1
孟加拉国	9.7	8.7	10.3	14.2	16.3	15.3	19.2	24.5	24.7	40.7	41.6	33.6	44.7	56.8	67.6	75.7	83.2	70.9	61.4
缅甸	4.4	7.6	8.2	8.7	10.0	12.4	18.4	40.7	43.8	58.0	59.5	66.3	64.1	64.2	31.4	32.2	34.5	34.7	37.8
摩尔多瓦	12.1	12.8	13.7	14.3	22.2	26.9	29.6	39.6	44.9	39.8	36.4	37.7	47.3	45.5	36.9	28.8	35.4	40.1	41.1
尼泊尔	34.3	39.4	35.7	40.0	45.4	49.0	56.9	55.7	66.5	74.6	79.3	96.7	115.9	135.4	156.0	196.2	202.9	190.1	152.2
塞尔维亚							59.8	54.2	37.6	45.0	40.4	49.2	41.9	42.5	36.5	36.2	36.4	34.7	37.5
斯里兰卡	12.2	15.2	16.8	21.8	19.0	24.2	23.9	24.8	16.0	27.4	33.2	26.1	19.9	19.1	19.4	16.6	12.9	15.7	13.2
塔吉克斯坦	8.3	8.1	7.1	9.2	14.7	16.9	19.2	6.3	6.5	9.6	11.3	13.2	13.7	13.6	10.0	9.6	12.5	21.2	21.5
泰国	40.9	49.1	61.8	72.1	85.3	89.1	107.2	139.3	166.6	171.3	161.7	151.5	122.4	110.3	107.6	118.7	124.9	128.5	121.5
土耳其	20.1	17.6	21.9	24.7	23.4	30.2	30.0	29.4	25.4	26.9	28.6	28.8	35.2	33.6	31.4	27.6	25.9	23.6	20.9
乌克兰	10.6	13.9	19.0	26.9	30.3	55.2	41.2	40.2	31.7	25.2	27.8	23.2	18.4	13.9	5.9	11.3	13.5	16.3	18.2
乌兹别克斯坦														211.0	192.7	172.8	166.3	166.4	153.6
亚美尼亚	30.9	23.4	25.1	25.1	26.0	34.0	50.1	53.8	38.9	40.6	29.6	26.1	23.6	25.9	17.4	19.9	22.1	22.4	20.5
印度	40.6	49.3	67.7	87.3	106.5	113.7	111.6	135.5	113.3	111.1	103.5	89.3	76.5	69.8	71.1	73.8	79.4	80.7	76.6
印度尼西亚	20.4	21.2	24.9	27.0	26.3	24.4	31.3	38.5	32.7	36.9	48.5	50.1	44.7	37.7	38.2	34.4	36.5	36.8	31.8
越南	26.6	29.1	30.9	40.0	40.0	48.7	71.5	101.6	90.2	50.2	27.7	25.1	41.5	39.5	47.2	36.3	42.6	47.1	51.3

资料来源：世界银行世界发展指标数据库。

附表7　　"一带一路"沿线国家主权信用评级（本币）：
标准普尔评估有限公司

国家/地区	最新评级	评级日期	评级变动	评级期限	评级展望
阿尔巴尼亚	B+	2016-02-05	提高	长期信用评级	稳定
阿曼	BB-	2020-03-26	降低	长期信用评级	负面
阿塞拜疆	BB+	2018-01-26	不变	长期信用评级	稳定
埃及	B	2018-05-11	提高	长期信用评级	稳定
爱沙尼亚	AA-	2020-02-28	不变	长期信用评级	正面
巴基斯坦	B-	2019-02-04	降低	长期信用评级	稳定
巴林	B+	2020-03-26	不变	长期信用评级	稳定
白俄罗斯	B	2017-10-06	提高	长期信用评级	稳定
保加利亚	BBB	2020-05-29	不变	长期信用评级	稳定
波黑	B	2020-04-30	不变	长期信用评级	稳定
波兰	A	2018-10-12	提高	长期信用评级	稳定
俄罗斯	BBB	2018-02-23	提高	长期信用评级	稳定
菲律宾	BBB+	2019-04-30	提高	长期信用评级	稳定
格鲁吉亚	BB	2019-10-11	提高	长期信用评级	稳定
哈萨克斯坦	BBB-	2017-09-08	不变	长期信用评级	稳定
黑山	B+	2020-05-01	不变	长期信用评级	负面
柬埔寨	B	2011-10-31	降低	长期信用评级	稳定
捷克	AA	2011-08-24	提高	长期信用评级	稳定
卡塔尔	AA-	2018-12-07	不变	长期信用评级	稳定
科威特	AA-	2020-07-17	不变	长期信用评级	负面
克罗地亚	BBB-	2019-03-22	提高	长期信用评级	稳定
拉脱维亚	A+	2020-02-21	提高	长期信用评级	稳定
黎巴嫩	CC	2020-04-23	不变	长期信用评级	负面
立陶宛	A+	2020-02-21	提高	长期信用评级	稳定
罗马尼亚	BBB-	2019-12-10	不变	长期信用评级	负面
马来西亚	A	2020-06-26	不变	长期信用评级	负面
马其顿	BB-	2013-05-24	降低	长期信用评级	稳定
蒙古	B	2018-11-09	提高	长期信用评级	稳定
孟加拉国	BB-	2010-04-05		长期信用评级	稳定

续表

国家/地区	最新评级	评级日期	评级变动	评级期限	评级展望
塞尔维亚	BB+	2020-05-01	不变	长期信用评级	稳定
塞浦路斯	BBB-	2018-09-14	提高	长期信用评级	稳定
沙特阿拉伯	A-	2016-02-17	降低	长期信用评级	稳定
斯里兰卡	B-	2020-05-20	降低	长期信用评级	稳定
斯洛伐克	A+	2020-07-24	不变	长期信用评级	负面
斯洛文尼亚	AA-	2019-06-14	提高	长期信用评级	稳定
塔吉克斯坦	B-	2017-08-28		长期信用评级	稳定
泰国	A-	2020-04-13	不变	长期信用评级	稳定
土耳其	BB-	2018-08-17	降低	长期信用评级	稳定
乌克兰	B	2019-09-27	提高	长期信用评级	稳定
乌兹别克斯坦	BB-	2020-06-05	不变	长期信用评级	负面
希腊	BB-	2019-10-25	提高	长期信用评级	正面
新加坡	AAA	1995-03-06		长期信用评级	稳定
匈牙利	BBB	2020-04-28	不变	长期信用评级	稳定
以色列	AA-	2018-08-03	提高	长期信用评级	稳定
印度	BBB-	2014-09-26	不变	长期信用评级	稳定
印度尼西亚	BBB	2020-04-17	不变	长期信用评级	负面
约旦	B+	2017-10-20	降低	长期信用评级	稳定
越南	BB	2019-04-05	提高	长期信用评级	稳定

资料来源：Wind 数据库。

附表8　"一带一路"沿线国家主权信用评级（外币）：标准普尔评估有限公司

国家/地区	最新评级	评级日期	评级变动	评级期限	评级展望
阿尔巴尼亚	B+	2016-02-05	提高	长期信用评级	稳定
阿曼	BB-	2020-03-26	降低	长期信用评级	负面
阿塞拜疆	BB+	2018-01-26	不变	长期信用评级	稳定
埃及	B	2018-05-11	提高	长期信用评级	稳定
爱沙尼亚	AA-	2020-02-28	不变	长期信用评级	正面
巴基斯坦	B-	2019-02-04	降低	长期信用评级	稳定

续表

国家/地区	最新评级	评级日期	评级变动	评级期限	评级展望
巴林	B+	2020-03-26	不变	长期信用评级	稳定
白俄罗斯	B	2017-10-06	提高	长期信用评级	稳定
保加利亚	BBB	2020-05-29	不变	长期信用评级	稳定
波黑	B	2020-04-30	不变	长期信用评级	稳定
波兰	A-	2018-10-12	提高	长期信用评级	稳定
俄罗斯	BBB-	2018-02-23	提高	长期信用评级	稳定
菲律宾	BBB+	2019-04-30	提高	长期信用评级	稳定
格鲁吉亚	BB	2019-10-11	提高	长期信用评级	稳定
哈萨克斯坦	BBB-	2017-09-08	不变	长期信用评级	稳定
黑山	B+	2020-05-01	不变	长期信用评级	负面
柬埔寨	B	2011-10-31	降低	长期信用评级	稳定
捷克	AA-	2011-08-24	提高	长期信用评级	稳定
卡塔尔	AA-	2018-12-07	不变	长期信用评级	稳定
科威特	AA-	2020-07-17	不变	长期信用评级	负面
克罗地亚	BBB-	2019-03-22	提高	长期信用评级	稳定
拉脱维亚	A+	2020-02-21	提高	长期信用评级	稳定
黎巴嫩	SD	2020-03-11	降低	长期信用评级	
立陶宛	A+	2020-02-21	提高	长期信用评级	稳定
罗马尼亚	BBB-	2019-12-10	不变	长期信用评级	负面
马来西亚	A-	2020-06-26	不变	长期信用评级	负面
马其顿	BB-	2013-05-24	降低	长期信用评级	稳定
蒙古	B	2018-11-09	提高	长期信用评级	稳定
孟加拉国	BB-	2010-04-05		长期信用评级	稳定
塞尔维亚	BB+	2020-05-01	不变	长期信用评级	稳定
塞浦路斯	BBB-	2018-09-14	提高	长期信用评级	稳定
沙特阿拉伯	A-	2016-02-17	降低	长期信用评级	稳定
斯里兰卡	B-	2020-05-20	降低	长期信用评级	稳定
斯洛伐克	A+	2020-07-24	不变	长期信用评级	负面
斯洛文尼亚	AA-	2019-06-14	提高	长期信用评级	稳定
塔吉克斯坦	B-	2017-08-28		长期信用评级	稳定

续表

国家/地区	最新评级	评级日期	评级变动	评级期限	评级展望
泰国	A-	2020-04-13	提高	长期信用评级	稳定
土耳其	B+	2018-08-17	降低	长期信用评级	稳定
乌克兰	B	2019-09-27	提高	长期信用评级	稳定
乌兹别克斯坦	BB-	2020-06-05	不变	长期信用评级	负面
希腊	BB-	2019-10-25	提高	长期信用评级	正面
新加坡	AAA	1995-03-06	提高	长期信用评级	稳定
匈牙利	BBB	2020-04-28	不变	长期信用评级	稳定
以色列	AA-	2018-08-03	提高	长期信用评级	稳定
印度	BBB-	2014-09-26	不变	长期信用评级	稳定
印度尼西亚	BBB	2020-04-17	不变	长期信用评级	负面
约旦	B+	2017-10-20	降低	长期信用评级	稳定
越南	BB	2019-04-05	提高	长期信用评级	稳定

资料来源：Wind数据库。

附表9　　标准普尔评级及界定标准

级别	评定
AAA	最高评级，偿还债务能力极强
AA	偿还债务能力很强，与最高评级差别很小
A	偿还债务能力较强，但相对于较高评级的债务/发债人，其偿债能力较易受外在环境及经济状况变动的不利因素的影响
BBB	目前有足够偿债能力，但若在恶劣的经济条件或外在环境下其偿债能力可能较脆弱
BB	相对于其他投机级评级，违约的可能性最低。但持续的重大不稳定情况或恶劣的商业、金融、经济条件可能令发债人没有足够能力偿还债务
B	违约可能性较"BB"级高，发债人目前仍有能力偿还债务，但恶劣的商业、金融或经济情况可能削弱发债人偿还债务的能力和意愿
CCC	目前有可能违约，发债人须依赖良好的商业、金融或经济条件才有能力偿还债务。如果商业、金融、经济条件恶化，发债人可能会违约
CC	目前违约的可能性较高。由于其财务状况，目前正在受监察。在受监察期内，监管机构有权审定某一债务较其他债务有优先偿付权

续表

级别	评定
SD/D	当债务到期而发债人未能按期偿还债务时,纵使宽限期未满,标准普尔也会给予"D"评级,除非标准普尔相信债款可于宽限期内清还。此外,如正在申请破产或已作出类似行动以致债务的偿付受阻时,标准普尔也会给予"D"评级。当发债人有选择地对某些或某类债务违约时,标准普尔会给予"SD"评级(选择性违约)
NP	发债人未获得评级

资料来源:Standard & Poor's, "Sovereign Government Rating Methodology and Assumptions", RatingsDirect, 2013.

附表10 "一带一路"沿线国家主权信用评级(本币):穆迪评级公司

国家/地区	最新评级	评级日期	评级变动	评级期限	评级展望
阿尔巴尼亚	B1	2014-08-12	不变	长期信用评级	稳定
阿联酋	Aa2	2017-05-27	不变	长期信用评级	稳定
阿曼	Baa3	2020-06-23	降低	长期信用评级	负面
阿塞拜疆	Ba2	2017-08-18	降低	长期信用评级	稳定
埃及	B2	2019-04-17	提高	长期信用评级	稳定
爱沙尼亚	A1	2010-03-31	不变	长期信用评级	稳定
巴基斯坦	B3	2020-08-08	不变	长期信用评级	稳定
巴林	B2	2018-12-17	不变	长期信用评级	稳定
白俄罗斯	B3	2018-03-16	提高	长期信用评级	稳定
保加利亚	Baa2	2019-08-30	不变	长期信用评级	正面
波黑	B3	2016-02-26	不变	长期信用评级	稳定
波兰	A2	2017-05-12	不变	长期信用评级	稳定
俄罗斯	Baa3	2019-02-08	提高	长期信用评级	稳定
菲律宾	Baa2	2014-12-11	提高	长期信用评级	稳定
格鲁吉亚	Ba2	2017-09-11	提高	长期信用评级	稳定
哈萨克斯坦	Baa3	2019-08-22	不变	长期信用评级	正面
吉尔吉斯斯坦	B2	2019-03-01	不变	长期信用评级	稳定
柬埔寨	B2	2014-03-05	不变	长期信用评级	稳定

续表

国家/地区	最新评级	评级日期	评级变动	评级期限	评级展望
捷克	Aa3	2019-10-04	提高	长期信用评级	稳定
卡塔尔	Aa3	2018-07-13	不变	长期信用评级	稳定
科威特	Aa2	2020-03-30	不变	长期信用评级	关注降级
克罗地亚	Ba2	2019-04-26	不变	长期信用评级	正面
拉脱维亚	A3	2015-02-13	提高	长期信用评级	稳定
老挝	B3	2020-06-19	不变	长期信用评级	关注降级
黎巴嫩	C	2020-07-27	降低	长期信用评级	
立陶宛	A3	2019-08-23	不变	长期信用评级	正面
罗马尼亚	Baa3	2020-04-24	不变	长期信用评级	负面
马尔代夫	B3	2020-05-21	降低	长期信用评级	负面
马来西亚	A3	2016-01-11	不变	长期信用评级	稳定
蒙古	B3	2020-05-08	不变	长期信用评级	负面
孟加拉国	Ba3	2010-04-12		长期信用评级	稳定
摩尔多瓦	B3	2017-01-13	不变	长期信用评级	稳定
塞尔维亚	Ba3	2019-09-06	不变	长期信用评级	正面
塞浦路斯	Ba2	2019-09-20	不变	长期信用评级	正面
沙特阿拉伯	A1	2020-05-01	不变	长期信用评级	负面
斯洛伐克	A2	2019-09-27	不变	长期信用评级	稳定
斯洛文尼亚	Baa1	2019-04-26	不变	长期信用评级	正面
塔吉克斯坦	B3	2018-12-10	不变	长期信用评级	负面
泰国	Baa1	2020-04-21	不变	长期信用评级	稳定
土耳其	B1	2019-06-14	降低	长期信用评级	负面
土库曼斯坦	B2	2002-01-14		长期信用评级	
乌克兰	B3	2020-06-12	提高	长期信用评级	稳定
乌兹别克斯坦	B1	2019-02-13		长期信用评级	稳定
希腊	B1	2019-03-01	提高	长期信用评级	稳定
新加坡	Aaa	2003-11-15	不变	长期信用评级	稳定
匈牙利	Baa3	2016-11-04	提高	长期信用评级	稳定
亚美尼亚	Ba3	2019-08-27	提高	长期信用评级	稳定
伊拉克	Caa1	2017-08-03		长期信用评级	稳定

续表

国家/地区	最新评级	评级日期	评级变动	评级期限	评级展望
以色列	A1	2020-04-24	不变	长期信用评级	稳定
印度	Baa3	2020-06-01	降低	长期信用评级	负面
印度尼西亚	Baa2	2018-04-13	提高	长期信用评级	稳定
约旦	B1	2013-06-26	降低	长期信用评级	稳定
越南	Ba3	2019-12-18	不变	长期信用评级	负面

资料来源：Wind 数据库。

附表11　"一带一路"沿线国家主权信用评级（外币）：穆迪评级公司

国家/地区	最新评级	评级日期	评级变动	评级期限	评级展望
阿尔巴尼亚	B1	2014-08-12	不变	长期信用评级	稳定
阿联酋	Aa2	2017-05-27	不变	长期信用评级	稳定
阿曼	Baa3	2020-06-23	降低	长期信用评级	负面
阿塞拜疆	Ba2	2017-08-18	降低	长期信用评级	稳定
埃及	B2	2019-04-17	提高	长期信用评级	稳定
爱沙尼亚	A1	2010-03-31	不变	长期信用评级	稳定
巴基斯坦	B3	2020-08-08	不变	长期信用评级	稳定
巴林	B2	2018-12-17	不变	长期信用评级	稳定
白俄罗斯	B3	2018-03-16	提高	长期信用评级	稳定
保加利亚	Baa2	2019-08-30	不变	长期信用评级	正面
波黑	B3	2016-02-26	不变	长期信用评级	稳定
波兰	A2	2017-05-12	不变	长期信用评级	稳定
俄罗斯	Baa3	2019-02-08	提高	长期信用评级	稳定
菲律宾	Baa2	2014-12-11	提高	长期信用评级	稳定
格鲁吉亚	Ba2	2017-09-11	提高	长期信用评级	稳定
哈萨克斯坦	Baa3	2019-08-22	不变	长期信用评级	正面
黑山	B1	2020-03-06	不变	长期信用评级	稳定
吉尔吉斯斯坦	B2	2019-03-01	不变	长期信用评级	稳定
柬埔寨	B2	2014-03-05	不变	长期信用评级	稳定
捷克	Aa3	2019-10-04	提高	长期信用评级	稳定

续表

国家/地区	最新评级	评级日期	评级变动	评级期限	评级展望
卡塔尔	Aa3	2018-07-13	不变	长期信用评级	稳定
科威特	Aa2	2020-03-30	不变	长期信用评级	关注降级
克罗地亚	Ba2	2019-04-26	不变	长期信用评级	正面
拉脱维亚	A3	2015-02-13	提高	长期信用评级	稳定
老挝	B3	2020-06-19	不变	长期信用评级	关注降级
黎巴嫩	C	2020-07-27	降低	长期信用评级	
立陶宛	A3	2019-08-23	不变	长期信用评级	正面
罗马尼亚	Baa3	2020-04-24	不变	长期信用评级	负面
马尔代夫	B3	2020-05-21	降低	长期信用评级	负面
马来西亚	A3	2016-01-11	不变	长期信用评级	稳定
蒙古	B3	2020-05-08	不变	长期信用评级	负面
孟加拉国	Ba3	2010-04-12		长期信用评级	稳定
摩尔多瓦	B3	2017-01-13	不变	长期信用评级	稳定
塞尔维亚	Ba3	2019-09-06	不变	长期信用评级	正面
塞浦路斯	Ba2	2019-09-20	不变	长期信用评级	正面
沙特阿拉伯	A1	2020-05-01	不变	长期信用评级	负面
斯里兰卡	B2	2020-04-17	不变	长期信用评级	关注降级
斯洛伐克	A2	2019-09-27	不变	长期信用评级	稳定
斯洛文尼亚	Baa1	2019-04-26	不变	长期信用评级	正面
塔吉克斯坦	B3	2018-12-10	不变	长期信用评级	负面
泰国	Baa1	2020-04-21	不变	长期信用评级	稳定
土耳其	B1	2019-06-14	降低	长期信用评级	负面
土库曼斯坦	B2	1999-07-20		长期信用评级	
乌克兰	B3	2020-06-12	提高	长期信用评级	稳定
乌兹别克斯坦	B1	2019-02-13		长期信用评级	稳定
希腊	B1	2019-03-01	提高	长期信用评级	稳定
新加坡	Aaa	2003-11-15	不变	长期信用评级	稳定
匈牙利	Baa3	2016-11-04	提高	长期信用评级	稳定
亚美尼亚	Ba3	2019-08-27	提高	长期信用评级	稳定
伊拉克	Caa1	2017-08-03		长期信用评级	稳定
以色列	A1	2020-04-24	不变	长期信用评级	稳定

续表

国家/地区	最新评级	评级日期	评级变动	评级期限	评级展望
印度	Baa3	2020-06-01	降低	长期信用评级	负面
印度尼西亚	Baa2	2018-04-13	提高	长期信用评级	稳定
约旦	B1	2013-06-26	降低	长期信用评级	稳定
越南	Ba3	2019-12-18	不变	长期信用评级	负面

资料来源：Wind 数据库。

附表 12　　穆迪评级及界定标准

	级别	评定	说明
投资级别	Aaa 级	优等	信用质量最高，信用风险最低。利息支付有充足保证，本金安全。为还本付息提供保证的因素即使变化，也是可预见的。发行地位稳固
	Aa 级（Aa1，Aa2，Aa3）	高级	信用质量很高，有较低的信用风险。本金利息安全。但利润保证不如 Aaa 级债券充足，为还本付息提供保证的因素波动比 Aaa 级债券大
	A 级（A1，A2，A3）	中上级	投资品质优良。本金利息安全，但有可能在未来某个时候还本付息的能力会下降
	Baa 级（Baa1，Baa2，Baa3）	中级	保证程度一般。利息支付和本金安全现在有保证，但在相当长远的一些时间内具有不可靠性。缺乏优良的投资品质
投机级别	Ba 级（Ba1，Ba2，Ba3）	具有投机性质的因素	不能保证将来的良好状况。还本付息的保证有限，一旦经济情况发生变化，还本付息能力将削弱。具有不稳定的特征
	B 级（B1，B2，B3）	缺少理想投资的品质	还本付息，或长期内履行合同中其他条款的保证极小
	Caa 级（Caa1，Caa2，Caa3）	劣质债券	有可能违约，或现在就存在危及本息安全的因素
	Ca 级	高度投机性	经常违约，或有其他明显的缺点
	C 级	最低等级评级	前途无望，不能用来做真正的投资

资料来源：Moody's Inverstor Servive,"Rating Methodology",2019。

附表13 "一带一路"沿线国家主权信用评级（本币）：
惠誉国际信用评级公司

国家/地区	最新评级	评级日期	评级变动	评级期限	评级展望
阿曼	BB+	2018-12-18	降低	长期信用评级	稳定
阿塞拜疆	BB+	2018-02-02	不变	长期信用评级	稳定
埃及	B+	2019-03-21	提高	长期信用评级	稳定
爱沙尼亚	AA-	2018-10-05	提高	长期信用评级	稳定
巴基斯坦	B-	2018-12-14	降低	长期信用评级	稳定
巴林	BB-	2018-03-01	降低	长期信用评级	稳定
白俄罗斯	B	2018-01-26	提高	长期信用评级	稳定
保加利亚	BBB	2020-04-24	不变	长期信用评级	稳定
波兰	A-	2016-07-22	降低	长期信用评级	稳定
俄罗斯	BBB	2019-08-09	提高	长期信用评级	稳定
菲律宾	BBB	2020-05-07	不变	长期信用评级	稳定
格鲁吉亚	BB	2020-04-24	不变	长期信用评级	负面
哈萨克斯坦	BBB	2016-04-29	降低	长期信用评级	稳定
捷克	AA-	2018-08-03	提高	长期信用评级	稳定
卡塔尔	AA-	2018-06-05	不变	长期信用评级	稳定
科威特	AA	2002-06-10	不变	长期信用评级	稳定
克罗地亚	BBB-	2020-04-01	不变	长期信用评级	稳定
拉脱维亚	A-	2020-04-10	不变	长期信用评级	负面
老挝	B-	2020-05-15	不变	长期信用评级	负面
黎巴嫩	CC	2019-12-12	降低	长期信用评级	
立陶宛	A	2020-01-31	提高	长期信用评级	稳定
罗马尼亚	BBB-	2020-04-17	不变	长期信用评级	负面
马尔代夫	B	2020-03-31	降低	长期信用评级	负面
马来西亚	A-	2020-04-09	不变	长期信用评级	负面
马其顿	BB+	2020-05-15	不变	长期信用评级	负面
蒙古	B	2018-07-09	提高	长期信用评级	稳定
孟加拉国	BB-	2018-12-06		长期信用评级	稳定
摩尔多瓦	B	2008-09-15	不变	长期信用评级	稳定
塞尔维亚	BB+	2019-09-27	提高	长期信用评级	稳定

续表

国家/地区	最新评级	评级日期	评级变动	评级期限	评级展望
塞浦路斯	BBB -	2020 - 04 - 03	不变	长期信用评级	稳定
沙特阿拉伯	A	2019 - 09 - 30	降低	长期信用评级	稳定
斯里兰卡	B -	2020 - 04 - 24	降低	长期信用评级	负面
斯洛伐克	A	2020 - 05 - 08	降低	长期信用评级	稳定
斯洛文尼亚	A	2019 - 07 - 19	提高	长期信用评级	稳定
泰国	BBB +	2020 - 03 - 17	不变	长期信用评级	稳定
土耳其	BB -	2019 - 11 - 01	不变	长期信用评级	稳定
乌克兰	B	2020 - 04 - 22	不变	长期信用评级	稳定
乌兹别克斯坦	BB -	2018 - 12 - 20		长期信用评级	稳定
希腊	BB	2020 - 04 - 23	不变	长期信用评级	稳定
新加坡	AAA	2000 - 09 - 21	不变	长期信用评级	稳定
匈牙利	BBB	2019 - 02 - 22	提高	长期信用评级	稳定
亚美尼亚	BB -	2020 - 04 - 03	不变	长期信用评级	负面
伊朗	B +	2006 - 04 - 24	降低	长期信用评级	稳定
以色列	A +	2017 - 04 - 26	不变	长期信用评级	稳定
印度	BBB	2020 - 06 - 18	不变	长期信用评级	负面
印度尼西亚	BBB	2017 - 12 - 20	提高	长期信用评级	稳定
约旦	BB -	2020 - 05 - 08	不变	长期信用评级	负面
越南	BB	2020 - 04 - 08	不变	长期信用评级	稳定

资料来源：Wind 数据库。

附表 14　"一带一路"沿线国家主权信用评级（外币）：惠誉国际信用评级公司

国家/地区	最新评级	评级日期	评级变动	评级期限	评级展望
阿曼	BB +	2018 - 12 - 18	降低	长期信用评级	稳定
阿塞拜疆	BB +	2018 - 02 - 02	不变	长期信用评级	稳定
埃及	B +	2019 - 03 - 21	提高	长期信用评级	稳定
爱沙尼亚	AA -	2018 - 10 - 05	提高	长期信用评级	稳定
巴基斯坦	B -	2018 - 12 - 14	降低	长期信用评级	稳定
巴林	BB -	2018 - 03 - 01	降低	长期信用评级	稳定

续表

国家/地区	最新评级	评级日期	评级变动	评级期限	评级展望
白俄罗斯	B	2018-01-26	提高	长期信用评级	稳定
保加利亚	BBB	2020-04-24	不变	长期信用评级	稳定
波兰	A-	2013-08-23	不变	长期信用评级	稳定
俄罗斯	BBB	2019-08-09	提高	长期信用评级	稳定
菲律宾	BBB	2020-05-07	不变	长期信用评级	稳定
格鲁吉亚	BB	2020-04-24	不变	长期信用评级	负面
哈萨克斯坦	BBB	2016-04-29	降低	长期信用评级	稳定
捷克	AA-	2018-08-03	提高	长期信用评级	稳定
卡塔尔	AA-	2018-06-05	不变	长期信用评级	稳定
科威特	AA	2008-09-04	提高	长期信用评级	稳定
克罗地亚	BBB-	2020-04-01	不变	长期信用评级	稳定
拉脱维亚	A-	2020-04-10	不变	长期信用评级	负面
老挝	B-	2020-05-15	不变	长期信用评级	负面
黎巴嫩	RD	2020-03-18	降低	长期信用评级	
立陶宛	A	2020-01-31	提高	长期信用评级	稳定
罗马尼亚	BBB-	2020-04-17	不变	长期信用评级	负面
马尔代夫	B	2020-03-31	降低	长期信用评级	负面
马来西亚	A-	2020-04-09	不变	长期信用评级	负面
马其顿	BB+	2020-05-15	不变	长期信用评级	负面
蒙古	B	2018-07-09	提高	长期信用评级	稳定
孟加拉国	BB-	2018-12-06		长期信用评级	稳定
摩尔多瓦	B-	2008-09-15	不变	长期信用评级	稳定
塞尔维亚	BB+	2019-09-27	提高	长期信用评级	稳定
塞浦路斯	BBB-	2020-04-03	不变	长期信用评级	稳定
沙特阿拉伯	A	2019-09-30	降低	长期信用评级	稳定
斯里兰卡	B-	2020-04-24	降低	长期信用评级	负面
斯洛伐克	A	2020-05-08	降低	长期信用评级	稳定
斯洛文尼亚	A	2019-07-19	提高	长期信用评级	稳定
泰国	BBB+	2020-03-17	不变	长期信用评级	稳定
土耳其	BB-	2019-11-01	不变	长期信用评级	稳定

续表

国家/地区	最新评级	评级日期	评级变动	评级期限	评级展望
土库曼斯坦	CCC-	2001-05-18	降低	长期信用评级	
乌克兰	B	2020-04-22	不变	长期信用评级	稳定
乌兹别克斯坦	BB-	2018-12-20		长期信用评级	稳定
希腊	BB	2020-04-23	不变	长期信用评级	稳定
新加坡	AAA	2003-05-14	提高	长期信用评级	稳定
匈牙利	BBB	2019-02-22	提高	长期信用评级	稳定
亚美尼亚	BB-	2020-04-03	不变	长期信用评级	负面
伊拉克	B-	2020-04-16	不变	长期信用评级	负面
伊朗	B+	2006-04-24	降低	长期信用评级	稳定
以色列	A+	2017-04-26	不变	长期信用评级	稳定
印度	BBB-	2020-06-18	不变	长期信用评级	负面
印度尼西亚	BBB	2017-12-20	提高	长期信用评级	稳定
约旦	BB-	2020-05-08	不变	长期信用评级	负面
越南	BB	2020-04-08	不变	长期信用评级	稳定

资料来源：Wind 数据库。

附表 15　　　　　　　　　惠誉评级及界定标准

	级别	评定与说明
投资级别	Aaa	最高信用，信用风险最小，有非常强的及时履行义务的保证，不太可能受意外影响
	AA	很高信用，信用风险小，有较强的履约保证，受意外因素影响可能性较小
	A	高信用，信用风险小，有较强的偿债保证，在环境和经济条件发生改变时仍能偿债
	BBB	信用不错，目前信用风险小，有一定的偿债能力，但可能受到环境或者经济条件改变的影响

续表

级别		评定与说明
投机级别	BB	信用风险可能增加，尤其是在经济环境发生改变时，但仍可以通过其他途径偿债
	B	投机级别较高，当前信用风险显著，存在一定安全系数，但持续的支付能力取决于环境是否良好
	CCC、CC、C	高违约风险，偿债能力仅取决于持续良好的经济发展
	D	违约，偿债能力基于债务人债务状况的好转，但预期值受到质疑

资料来源：FitchRatings，"Sovereign Rating Criteria"，2020.

附表16　"一带一路"沿线国家主权信用评级（本币）：大公国际资信评估有限公司

	最新评级	评级日期	评级变动	评级期限	评级展望
阿联酋	A	2018-07-03	提高	主权信用等级	稳定
阿曼	A+	2016-04-26	降低	主权信用等级	负面
埃及	B-	2016-09-21	不变	主权信用评级	稳定
爱沙尼亚	A	2016-11-28	不变	主权信用等级	稳定
巴基斯坦	B-	2017-12-27	提高	主权信用评级	稳定
巴林	BBB	2016-06-17	降低	主权信用评级	稳定
白俄罗斯	BB	2017-08-16	不变	主权信用评级	负面
保加利亚	BBB	2017-09-18	提高	主权信用等级	稳定
波黑	B	2016-10-31	不变	主权信用评级	稳定
波兰	A	2018-09-28	不变	主权信用等级	稳定
俄罗斯	A	2017-09-06	不变	主权信用等级	稳定
菲律宾	BB	2017-10-30	提高	主权信用等级	稳定
格鲁吉亚	BB-	2016-05-31	不变	主权信用等级	稳定
哈萨克斯坦	BBB	2017-11-15	不变	主权信用等级	稳定
柬埔寨	B	2017-05-03	不变	主权信用评级	稳定
捷克	A+	2018-10-16	不变	主权信用等级	稳定
卡塔尔	AA-	2017-06-05	不变	主权信用等级	负面

续表

	最新评级	评级日期	评级变动	评级期限	评级展望
科威特	AA	2017-08-01	不变	主权信用等级	稳定
克罗地亚	BB+	2017-11-24	不变	主权信用等级	稳定
拉脱维亚	BBB-	2016-12-13	不变	主权信用等级	稳定
立陶宛	BBB+	2017-02-09	不变	主权信用等级	稳定
罗马尼亚	BBB-	2017-05-03	不变	主权信用等级	稳定
马来西亚	A+	2018-02-13	不变	主权信用等级	稳定
蒙古	B	2017-07-24	降低	主权信用等级	负面
塞尔维亚	B+	2017-01-22	不变	主权信用评级	稳定
沙特阿拉伯	AA-	2018-04-20	不变	主权信用等级	稳定
斯里兰卡	B+	2017-02-24	不变	主权信用评级	稳定
泰国	BBB	2017-07-21	不变	主权信用等级	稳定
土耳其	BB	2018-03-23	不变	主权信用评级	负面
土库曼斯坦	BBB+	2016-10-08	不变	主权信用评级	稳定
乌兹别克斯坦	BBB	2016-03-16	不变	主权信用评级	稳定
希腊	CCC	2017-11-01	提高	主权信用评级	正面
新加坡	AAA	2017-01-18	不变	主权信用等级	稳定
匈牙利	BBB	2018-04-26	不变	主权信用等级	稳定
以色列	A-	2018-06-22	不变	主权信用等级	稳定
印度	BBB	2018-03-26	不变	主权信用等级	稳定
印度尼西亚	BBB-	2018-07-10	不变	主权信用等级	稳定
约旦	B+	2017-03-0	不变	主权信用评级	稳定
越南	B+	2016-12-07	不变	主权信用等级	稳定

资料来源：大公国际官网，http://www.dagongcredit.com/。

附表17 "一带一路"沿线国家主权信用评级（外币）：大公国际资信评估有限公司

国家	最新评级	评级日期	评级变动	评级期限	评级展望
阿联酋	A-	2018-07-03	提高	主权信用等级	稳定
阿曼	A+	2016-04-26	降低	主权信用等级	负面
埃及	B-	2016-09-21	不变	主权信用评级	稳定

续表

国家	最新评级	评级日期	评级变动	评级期限	评级展望
爱沙尼亚	A	2016-11-28	不变	主权信用等级	稳定
巴基斯坦	B-	2017-12-27	提高	主权信用评级	稳定
巴林	BBB	2016-06-17	降低	主权信用评级	稳定
白俄罗斯	B+	2017-08-16	不变	主权信用评级	负面
保加利亚	BBB	2017-09-18	提高	主权信用等级	稳定
波黑	B	2016-10-31	不变	主权信用评级	稳定
波兰	A-	2018-09-28	不变	主权信用等级	稳定
俄罗斯	A	2017-09-06	不变	主权信用等级	稳定
菲律宾	BB	2017-10-30	提高	主权信用等级	稳定
格鲁吉亚	BB-	2016-05-31	不变	主权信用等级	稳定
哈萨克斯坦	BBB-	2017-11-15	不变	主权信用等级	稳定
柬埔寨	B	2017-05-03	不变	主权信用等级	稳定
捷克	A+	2018-10-16	不变	主权信用等级	稳定
卡塔尔	AA-	2017-06-05	不变	主权信用等级	负面
科威特	AA	2017-08-01	不变	主权信用等级	稳定
克罗地亚	BB+	2017-11-24	不变	主权信用等级	稳定
拉脱维亚	BBB-	2016-12-13	稳定	主权信用等级	稳定
立陶宛	BBB+	2017-02-09	稳定	主权信用等级	稳定
罗马尼亚	BB+	2017-05-03	不变	主权信用等级	稳定
马来西亚	A+	2018-02-13	不变	主权信用等级	稳定
蒙古	B	2017-07-24	降低	主权信用等级	负面
塞尔维亚	B+	2017-01-22	不变	主权信用评级	稳定
沙特阿拉伯	AA-	2018-04-20	不变	主权信用等级	稳定
斯里兰卡	B+	2017-02-24	不变	主权信用等级	稳定
泰国	BBB	2017-07-21	不变	主权信用等级	稳定
土耳其	BB-	2018-03-23	不变	主权信用评级	负面
土库曼斯坦	BBB+	2016-10-08	不变	主权信用评级	稳定
乌兹别克斯坦	BBB	2016-03-16	不变	主权信用评级	稳定
希腊	CCC	2017-11-01	提高	主权信用评级	正面
新加坡	AAA	2017-01-18	不变	主权信用等级	稳定

续表

国家	最新评级	评级日期	评级变动	评级期限	评级展望
匈牙利	BBB -	2018 - 04 - 26	不变	主权信用等级	稳定
以色列	A -	2018 - 06 - 22	不变	主权信用等级	稳定
印度	BBB	2018 - 03 - 26	不变	主权信用等级	稳定
印度尼西亚	BBB -	2018 - 07 - 10	不变	主权信用等级	稳定
约旦	B +	2017 - 03 - 0	不变	主权信用评级	稳定
越南	B +	2016 - 12 - 07	不变	主权信用等级	稳定

资料来源：大公国际官网，http://www.dagongcredit.com/。

附表18 大公国际评级及界定标准

等级	评定与说明
AAA	偿还债务的能力极强，基本不受不利经济环境的影响，违约风险极低
AA	偿还债务的能力很强，受不利经济环境的影响不大，违约风险很低
A	偿还债务能力较强，较易受不利经济环境的影响，违约风险较低
BBB	偿还债务能力一般，受不利经济环境影响较大，违约风险一般
BB	偿还债务能力较弱，受不利经济环境影响很大，有较高违约风险
B	偿还债务的能力较大地依赖于良好的经济环境，违约风险很高
CCC	偿还债务的能力极度依赖于良好的经济环境，违约风险极高
CC	在破产或重组时可获得保护较小，基本不能保证偿还债务
C	不能偿还债务

注：除AAA级、CCC级（含）以下等级外，每一个信用等级可用"+""-"符号进行微调，表示略高或略低于本等级。

资料来源：大公国际资信评估有限公司：《信用等级符号及定义》，2020 - 06 - 10。

附表19 全球各类基础设施投资缺口测算 单位：10亿美元

年份	能源	电信	交通				水务
			机场	港口	铁路	公路	
2019	81.36	27.75	14.82	15.46	33.77	233.32	20.83
2020	85.32	29.31	15.53	16.21	35.05	242.91	21.69
2021	89.28	30.68	16.24	16.96	36.34	252.50	22.54

续表

年份	能源	电信	交通 机场	交通 港口	交通 铁路	交通 公路	水务
2022	93.22	32.13	16.95	17.70	37.62	262.07	23.39
2023	97.17	33.59	17.66	18.45	38.90	271.64	24.24
2024	101.11	35.04	18.37	19.20	40.19	281.21	25.09
2025	105.04	36.50	19.08	19.95	41.48	290.80	25.94
2026	108.99	37.96	19.79	20.70	42.78	300.40	26.80
2027	112.92	39.42	20.49	21.45	44.07	309.99	27.65
2028	116.85	40.88	21.20	22.20	45.37	319.58	28.51
2029	120.79	42.35	21.91	22.95	46.67	329.18	29.36
2030	124.73	43.82	22.61	23.70	47.97	338.80	30.22
2031	128.67	45.28	23.32	24.45	49.28	348.40	31.07
2032	132.61	46.75	24.03	25.20	50.59	358.03	31.93
2033	136.54	48.21	24.74	25.95	51.91	367.66	32.79
2034	140.49	49.68	25.45	26.71	53.23	377.30	33.64
2035	144.43	51.14	26.16	27.46	54.56	386.95	34.50
2036	148.38	52.61	26.87	28.22	55.89	396.61	35.35
2037	152.33	54.08	27.58	28.98	57.22	406.28	36.21
2038	156.27	55.54	28.29	29.73	58.56	415.85	37.06
2039	160.22	57.01	29.01	30.49	59.90	425.64	37.92
2040	164.17	58.48	29.72	31.25	61.24	435.33	38.77

资料来源：毕马威中国、中国对外承包工程商会、国家发改委市场与价格研究所：《共绘"一带一路"工笔画——吸引国际私有资本参与沿线国家基础设施建设》，2019。

附表20　2019年"一带一路"沿线国家营商环境排名

国家\指标	总排名	开办企业	办理施工许可证	获取电力	登记财产	获得信贷	保护少数投资者	纳税	跨境贸易	执行合同	办理破产
新加坡	2	3	8	16	21	22	7	8	45	1	27
格鲁吉亚	6	2	27	39	4	12	2	16	43	8	60
马其顿	10	47	13	57	46	12	7	31	29	37	30
阿联酋	11	25	5	1	7	44	15	2	98	9	75

续表

指标 国家	总排名	开办企业	办理施工许可证	获取电力	登记财产	获得信贷	保护少数投资者	纳税	跨境贸易	执行合同	办理破产
立陶宛	14	31	7	26	3	44	38	18	19	7	85
爱沙尼亚	16	15	14	46	6	44	83	14	17	13	14
拉脱维亚	19	24	56	53	25	12	51	13	26	20	54
泰国	22	39	67	6	66	44	15	59	59	35	24
阿塞拜疆	25	9	61	74	17	22	2	28	84	40	45
哈萨克斯坦	28	36	35	76	18	60	1	56	102	4	37
俄罗斯	31	32	48	12	12	22	57	53	99	18	55
波兰	33	121	40	58	41	32	57	69	1	53	25
捷克	35	115	156	10	33	44	72	45	1	99	15
白俄罗斯	37	29	46	20	5	85	51	99	25	29	72
斯洛文尼亚	40	38	120	23	56	112	30	41	1	110	9
亚美尼亚	41	8	98	17	14	40	51	82	46	24	95
斯洛伐克	42	127	143	47	9	44	95	48	1	47	42
土耳其	43	78	59	60	39	32	26	80	42	19	109
摩尔多瓦	47	14	172	81	22	44	33	35	35	69	68
塞尔维亚	48	40	11	104	55	60	83	79	23	22	49
以色列	49	45	47	78	89	60	23	90	64	90	29
黑山	50	90	75	134	76	12	57	68	47	44	43
罗马尼亚	52	111	146	154	44	22	64	49	1	17	52
匈牙利	53	82	110	122	30	32	110	86	1	22	65
文莱	55	82	110	122	30	1	48	84	149	67	64
塞浦路斯	57	52	126	70	94	73	38	47	49	138	26
克罗地亚	58	123	159	61	51	85	38	89	1	25	59
保加利亚	59	99	37	147	67	60	33	92	21	42	56
巴林	62	66	57	82	26	112	38	5	77	128	93
阿尔巴尼亚	63	50	151	140	98	44	26	122	24	98	39
越南	69	104	21	27	60	32	89	131	100	62	133
吉尔吉斯斯坦	70	35	29	164	8	32	38	150	70	131	82
乌克兰	71	56	30	135	63	32	72	54	78	57	145

续表

国家\指标	总排名	开办企业	办理施工许可证	获取电力	登记财产	获得信贷	保护少数投资者	纳税	跨境贸易	执行合同	办理破产
希腊	72	44	39	79	153	99	51	65	31	132	62
印度尼西亚	73	134	112	33	100	44	51	112	116	146	36
蒙古	74	87	23	148	29	22	33	61	117	66	152
乌兹别克斯坦	76	12	134	35	71	60	64	64	165	41	91
印度	77	137	52	24	166	22	7	121	80	163	108
阿曼	78	37	66	66	52	134	125	12	72	73	100
不丹	81	91	88	74	54	85	125	15	28	28	168
卡塔尔	83	84	20	69	20	124	178	2	97	122	120
波黑	89	183	167	130	99	60	72	139	37	75	37
沙特阿拉伯	92	141	36	64	24	112	7	78	158	59	168
科威特	91	133	131	95	69	134	72	7	159	77	115
斯里兰卡	100	83	65	84	140	124	38	141	93	164	92
约旦	104	106	139	62	72	134	125	95	74	108	150
尼泊尔	110	107	148	137	88	99	72	158	82	154	83
埃及	120	109	68	96	125	60	72	159	171	160	101
菲律宾	124	126	94	69	116	184	132	94	104	151	63
塔吉克斯坦	126	173	86	108	90	124	38	136	148	61	146
伊朗	128	173	86	108	90	99	173	149	121	89	131
巴基斯坦	136	130	167	166	161	112	26	173	142	156	53
柬埔寨	138	185	179	141	124	22	110	137	115	182	79
马尔代夫	139	71	62	145	175	134	132	117	155	125	139
黎巴嫩	142	146	170	124	105	124	140	113	150	135	151
老挝	154	180	99	156	85	73	174	155	76	162	168
马来西亚	155	122	3	4	29	32	2	72	48	33	41
阿富汗	167	49	184	168	186	99	26	177	177	181	74
伊拉克	171	155	103	126	113	186	125	129	181	143	168
缅甸	171	152	81	144	136	178	185	126	168	188	164
孟加拉国	176	138	138	179	183	161	89	151	176	189	153
叙利亚	179	136	186	158	157	175	95	85	178	161	163
也门	187	175	186	187	81	186	132	83	189	139	157

资料来源：世界银行数据库。

附表 21　　"一带一路"沿线国家外汇储备占 GDP 比重　　单位:%

年份 国家	2013	2014	2015	2016	2017	平均
黎巴嫩	102.98	104.42	97.24	104.70	103.42	102.55
沙特阿拉伯	98.81	98.43	95.83	84.86	74.19	90.42
新加坡	91.24	83.96	82.83	81.05	87.99	85.41
不丹	55.12	63.56	53.56	50.79	47.71	54.15
约旦	41.16	44.79	44.17	40.21	42.58	42.58
保加利亚	35.79	35.43	44.13	47.29	48.74	42.27
柬埔寨	32.83	36.57	40.48	44.22	53.16	41.45
泰国	39.79	38.58	38.98	41.72	44.48	40.71
捷克	26.85	26.22	34.52	43.89	68.59	40.02
阿富汗	35.45	36.75	35.05	38.23	41.43	37.38
尼泊尔	28.20	31.08	38.04	41.23	34.64	34.64
马来西亚	41.71	34.30	32.12	31.84	32.55	34.51
摩尔多瓦	35.32	27.02	26.97	32.46	34.49	31.25
波黑	27.42	26.19	29.56	30.37	35.86	29.88
克罗地亚	30.55	26.74	30.24	27.58	34.08	29.84
塞尔维亚	33.90	27.26	30.53	28.07	28.74	29.70
以色列	27.96	27.92	30.28	30.04	32.21	29.68
伊朗	33.13	28.28	30.12	26.32	25.45	28.66
伊拉克	33.13	28.28	30.12	26.32	25.45	28.66
吉尔吉斯斯坦	30.52	26.21	26.62	28.88	28.78	28.20
菲律宾	30.60	27.98	27.54	26.46	25.96	27.71
匈牙利	34.40	29.99	26.95	20.53	20.13	26.40
科威特	18.61	21.63	27.02	20.60	30.71	25.71
马其顿	25.40	26.09	24.55	25.79	24.84	25.33
文莱	19.76	21.34	26.03	30.59	28.76	25.30
俄罗斯	22.19	18.72	26.90	29.35	27.43	24.92
阿尔巴尼亚	21.71	20.15	27.56	26.16	27.52	24.62
阿曼	20.25	20.13	25.46	30.32	22.15	23.66
阿联酋	17.48	19.45	26.23	23.92	24.93	22.40

续表

年份 国家	2013	2014	2015	2016	2017	平均
罗马尼亚	25.57	21.63	21.76	21.20	20.97	22.22
波兰	20.26	18.42	19.90	24.22	21.51	20.86
卡塔尔	21.18	20.96	23.04	21.02	8.99	19.03
格鲁吉亚	17.49	16.35	18.01	19.17	20.15	18.24
亚美尼亚	20.25	12.83	16.82	20.90	20.06	18.17
阿塞拜疆	20.46	21.02	13.79	17.36	16.39	17.81
越南	15.12	18.36	14.62	17.79	21.93	17.57
黑山	13.08	14.42	18.10	19.35	22.22	17.43
蒙古	17.87	13.51	11.26	11.66	26.38	16.13
印度	16.05	15.94	16.81	15.90	15.86	16.11
哈萨克斯坦	10.43	13.21	15.11	21.56	18.88	15.84
拉脱维亚	26.10	10.30	12.78	12.74	15.24	15.43
孟加拉国	12.06	12.91	14.09	14.58	13.39	13.41
也门	13.22	13.22	13.22	13.22	13.22	13.22
马尔代夫	11.59	16.97	14.01	10.83	12.27	13.13
土耳其	13.79	13.64	12.85	12.27	12.64	13.04
乌克兰	11.14	5.65	14.61	16.64	16.77	12.96
巴林	16.99	18.66	11.39	8.12	8.00	12.63
印度尼西亚	10.89	12.56	12.31	12.48	12.82	12.21
立陶宛	17.39	17.99	4.09	6.08	9.43	11.00
乌兹别克斯坦	7.77	5.55	6.28	9.27	18.08	9.39
土库曼斯坦	7.77	5.55	6.28	9.27	18.08	9.39
塔吉克斯坦	7.77	5.55	6.28	9.27	18.08	9.39
白俄罗斯	8.81	6.43	7.39	10.28	13.43	9.27
斯里兰卡	10.09	10.35	9.06	7.35	9.11	9.19
缅甸	14.66	6.89	7.70	7.72	7.77	8.95
老挝	8.92	9.19	7.33	5.56	7.54	7.71
埃及	5.74	4.89	4.77	7.10	15.47	7.59
巴基斯坦	3.31	5.85	7.40	7.90	6.05	6.10

续表

年份国家	2013	2014	2015	2016	2017	平均
叙利亚	3.80	3.83	4.10	3.97	4.03	3.95
塞浦路斯	3.80	3.83	4.10	3.97	4.03	3.95
希腊	2.40	2.63	3.08	3.56	3.90	3.11
斯洛伐克	2.19	2.60	3.31	3.21	3.78	3.02
斯洛文尼亚	1.92	2.04	1.99	1.66	1.82	1.89
爱沙尼亚	1.25	1.67	1.84	1.51	1.33	1.52

资料来源：世界银行数据库。

附表22　"一带一路"沿线国家不良贷款率　　单位：%

年份国家	2013	2014	2015	2016	2017	2018	平均
新加坡	0.87	0.76	0.92	1.22	1.40	1.33	1.08
爱沙尼亚	1.47	1.39	0.98	0.87	0.70	1.37	1.13
沙特阿拉伯	1.31	1.08	1.24	1.38	1.61	1.83	1.41
尼泊尔	1.58	1.58	1.58	1.68	1.70	1.36	1.58
乌兹别克斯坦	2.82	2.10	1.46	0.74	1.20	1.28	1.60
土库曼斯坦	2.82	2.10	1.46	0.74	1.20	1.28	1.60
马来西亚	1.85	1.65	1.60	1.61	1.55	1.53	1.63
以色列	2.86	2.15	1.84	1.61	1.29	1.26	1.83
菲律宾	2.44	2.02	1.89	1.72	1.58	1.76	1.90
柬埔寨	2.30	1.62	1.59	2.13	2.07	2.26	2.00
印度尼西亚	1.69	2.07	2.43	2.90	2.56	2.29	2.32
缅甸	3.11	2.94	2.34	2.28	1.82	2.50	2.50
老挝	3.11	2.94	2.34	2.28	1.82	2.50	2.50
越南	3.11	2.94	2.34	2.28	1.82	2.50	2.50
科威特	3.64	2.89	2.37	2.22	1.95	2.02	2.52

续表

年份 国家	2013	2014	2015	2016	2017	2018	平均
泰国	2.30	2.31	2.68	2.99	3.07	3.09	2.74
土耳其	2.64	2.74	2.99	3.11	2.84	3.05	2.89
阿曼	2.64	2.74	2.99	3.11	2.84	3.05	2.89
巴林	2.64	2.74	2.99	3.11	2.84	3.05	2.89
埃及	2.64	2.74	2.99	3.11	2.84	3.05	2.89
格鲁吉亚	3.03	3.03	2.71	3.45	2.78	2.68	2.95
斯里兰卡	5.58	4.23	3.24	2.63	2.50	3.62	3.63
文莱	4.53	3.85	4.00	4.75	3.66	3.54	4.05
波兰	4.98	4.82	4.34	4.05	3.94	4.02	4.36
捷克	5.20	5.61	5.48	4.59	3.74	1.94	4.43
斯洛伐克	5.14	5.35	4.87	4.44	3.70	3.27	4.46
约旦	3.97	4.01	4.20	4.88	5.67	9.58	5.38
黎巴嫩	3.97	4.01	4.20	4.88	5.67	9.58	5.38
拉脱维亚	6.41	4.60	4.64	6.26	5.51	5.98	5.56
立陶宛	11.59	8.19	4.95	3.66	3.18	2.56	5.69
阿联酋	6.74	5.64	5.20	5.30	6.44	6.74	6.01
卡塔尔	6.74	5.64	5.20	5.30	6.44	6.74	6.01
阿塞拜疆	4.49	6.97	7.95	6.72	5.43	6.32	6.31
亚美尼亚	4.49	6.97	7.95	6.72	5.43	6.32	6.31
吉尔吉斯斯坦	5.09	4.18	6.74	8.52	7.37	7.30	6.53
印度	4.03	4.35	5.88	9.19	9.98	10.34	7.29
斯洛文尼亚	13.31	11.73	9.96	5.07	3.20	1.86	7.52
白俄罗斯	4.45	4.37	6.83	12.79	12.85	4.13	7.57
不丹	6.95	6.75	6.59	7.19	8.42	12.05	7.99
马其顿	10.94	10.81	10.31	6.29	6.10	4.88	8.22
俄罗斯	6.00	6.73	8.35	9.44	10.00	10.69	8.54

续表

年份 国家	2013	2014	2015	2016	2017	2018	平均
孟加拉国	8.64	9.37	8.40	8.86	8.90	9.95	9.02
匈牙利	16.83	15.62	11.66	7.42	4.17	2.94	9.77
阿富汗	4.85	7.78	12.05	11.07	12.20	11.33	9.88
伊朗	4.85	7.78	12.05	11.07	12.20	11.33	9.88
伊拉克	4.85	7.78	12.05	11.07	12.20	11.33	9.88
巴基斯坦	12.99	12.27	11.36	10.06	8.43	7.99	10.51
蒙古	19.47	12.39	7.95	6.72	9.31	8.75	10.77
哈萨克斯坦	19.47	12.39	7.95	6.72	9.31	8.75	10.77
罗马尼亚	21.87	13.94	13.51	9.62	6.41	5.56	11.82
波黑	15.12	14.17	13.71	11.78	10.05	9.39	12.37
马尔代夫	17.57	17.48	14.06	10.63	10.45	8.39	13.10
保加利亚	16.88	16.75	14.61	13.17	10.43	8.68	13.42
克罗地亚	15.43	16.71	16.33	13.61	11.20	10.16	13.91
摩尔多瓦	11.58	11.73	14.44	16.41	18.38	13.44	14.33
塔吉克斯坦	13.18	20.39	19.06	17.54	17.54	17.54	17.54
黑山	23.49	22.80	18.17	18.27	13.23	11.08	17.84
塞尔维亚	23.49	22.80	18.17	18.27	13.23	11.08	17.84
阿尔巴尼亚	23.49	22.80	18.17	18.27	13.23	11.08	17.84
乌克兰	12.89	18.98	28.03	30.47	54.54	52.85	32.96
叙利亚	38.56	44.97	47.75	36.70	31.39	21.14	36.75
巴勒斯坦	38.56	44.97	47.75	36.70	31.39	21.14	36.75
也门	38.56	44.97	47.75	36.70	31.39	21.14	36.75
塞浦路斯	38.56	44.97	47.75	36.70	31.39	21.14	36.75
希腊	31.90	33.78	36.65	36.30	45.57	44.14	38.06

资料来源：国际货币基金组织金融稳健性指标。

附表

附表 23 "一带一路"沿线国家的公路、铁路和港口投资

(1) 铁路和公路

项目序号	改善路段	国家	改善类型	状况	详细情况	状态日期
1. 中央铁路走廊	乌兰乌德—乌兰巴托—二连浩特	俄罗斯、蒙古	铁路升级	运营中		2018/09/30
	二连浩特—北京—天津	中国	铁路升级			
2. 北部铁路走廊	库拉基诺—克孜勒	俄罗斯	新铁路	规划中	通往敖包特煤矿的路段已经开始建设，预计2019年竣工。敖包特以外的路段仅仅在规划中。最终的可行性研究于2018年4月得到批准	2018/04/10
	克孜勒—阿扎苏尔—敖包特	俄罗斯、蒙古	新铁路			
	敖包特—额尔登特	蒙古	新铁路			
	额尔登特—赛尔乌苏—黑克特	蒙古、中国	铁路重建			
3. 西部铁路走廊	阿扎苏尔—乌鲁木齐	蒙古、中国	新铁路	拟议中	蒙古国家铁路政策与中国—蒙古—俄罗斯联合宣言提议	2018/11/25
4. 东部铁路走廊	乔巴山—比迟格特	蒙古	新铁路	拟议中	提议目仍在讨论中。中国、俄罗斯和蒙古国已经准备落实协议	2018/01/23
	比迟格特—赤峰	中国	新铁路			
	赤峰—锦州	中国	铁路重建			
5. 下列宁斯克耶大桥	列宁斯科耶—同江	中国、俄罗斯	新铁路	建设中	中方铁路大桥已经建设完毕。俄方的特大洪水延迟了工程。俄罗斯将于2018年完成路段建设	2018/11/13

续表

项目序号	改善路段	国家	改善类型	状况	详细情况	状态日期
6. 滨海走廊1（滨海—1）	波格拉尼奇内过境点	中国、俄罗斯	降低边境成本	运营中		2018/09/26
	波尔塔夫卡过境点	中国、俄罗斯	降低边境成本			
	哈尔滨—乌苏里斯克	中国、俄罗斯	铁路升级			
	乌苏里斯克—中国边境	俄罗斯	公路重建			
	海参崴—纳霍德卡	俄罗斯	新支线			
	东方港	俄罗斯	新海港			
7. 滨海走廊2（滨海—2）	乔巴山—Arixan	俄罗斯	新铁路	运营中	2018年4月和9月进行第一次超载测试，新建珲春—扎鲁比诺—宁波内开通。走廊格连接吉林省边境城市珲春与扎鲁比诺港	2018/11/13
	克拉斯基诺—珲春过境点	蒙古、中国	降低边境成本			
	中国边境—扎鲁比诺	俄罗斯	新铁路			
	中国边境—扎鲁比诺	俄罗斯	新公路支线			
	扎鲁比诺港	俄罗斯	新海港			
8. 高速 AH-3	乌兰—乌德—二连浩特二连浩特—济宁	俄罗斯、蒙古中国	新公路公路升级	运营中	2016年该交通线完成了运营测试，投入使用	2018/09/30
9. 高速 AH-4	新西伯利亚—科布多—乌鲁木齐	俄罗斯、蒙古、中国	新公路	运营中	已投入使用，但仍在建设中。部分亚洲高速4从新西伯利亚向卡拉奇延伸	2018/09/30
10. 南方运煤专线	呼和—塔温陶勒盖—嘎顺苏海图	蒙古	新路线	正在建设中	蒙古段的工程正在建设中，计划于2019年竣工。中国段已投入运营	2018/02/12
	嘎顺苏海图—包头	中国	新路线			

续表

项目序号	改善路段	国家	改善类型	状况	详细情况	状态日期
11. 霍尔果斯—阿克陶铁路线	霍尔果斯—热特根	哈萨克斯坦	新高速铁路			
	杰兹卡兹甘—萨克乌尔斯基	哈萨克斯坦	新铁路			
	别伊涅乌—沙尔卡尔	哈萨克斯坦、中国	新铁路	建设中	铁路将连接即将成为世界最大无水港的霍尔果斯（中国）与阿克陶。全部投入运营后，铁路将能实现里海、高加索地区到欧洲，穿过伊朗波斯湾沿线的货物运输	2017/04/15
	霍尔果斯无水港	哈萨克斯坦	降低边境成本			
	阿克陶港	哈萨克斯坦	新海港			
12. 莫斯科—喀山高铁	莫斯科—喀山	俄罗斯	新高速铁路	拟议中	2018年5月欧亚发展银行与俄罗斯铁路公司签署了合作协议，承诺提供资金	2018/05/30
13. 乌鲁木齐—霍尔果斯铁路线	乌鲁木齐—霍尔果斯	中国	新高速铁路	运营中	霍尔果斯与乌鲁木齐之间新投入运营的铁路路段	2018/05/30
14. 乌鲁木齐—霍尔果斯公路线	乌鲁木齐—霍尔果斯	中国	新公路支线	运营中	一些路段仍在建设中。但是中国段已经开放并运营，通过哈萨克斯坦通往内陆其他地方	2018/05/30
15. 霍尔果斯—阿拉木图公路线	霍尔果斯—阿拉木图	哈萨克斯坦	新公路支线	运营中		2018/05/30
16. 高速公路 P4/A17	阿斯塔纳—巴甫洛达尔	哈萨克斯坦	公路升级	运营中		2018/09/07

续表

项目序号	改善路段	国家	改善类型	状况	详细情况	状态日期
17. 高速公路 M36	阿斯塔纳—卡拉干达	哈萨克斯坦	公路升级	运营中	目前在使用中，但哈萨克斯坦仍在对该公路进支线分级扩建和升级	2018/09/07
18. 高速公路 A2	阿拉木图—奇姆肯特	哈萨克斯坦	公路升级	运营中	升级的公路从阿拉木图延伸经过乌兹那加什后的一点，然后作为通往奇姆肯特的两车道公路	2018/10/11
19. 高速公路 M32	奇姆肯特—塔什干	哈萨克斯坦、乌兹别克斯坦	公路升级	运营中		2018/10/11
20. 德黑兰—马什哈德	德黑兰—马什哈德	伊朗	铁路升级	建设中	2017年开始进行电气化建设，预期48个月竣工	2018/05/04
21. 德黑兰—伊斯法罕高速铁路线	德黑兰—库姆—伊斯法罕	伊朗	新高铁	建设中	预计2021年竣工	2018/11/25
22. 喀什—喀什干铁路线	喀什—安集延	中国、吉尔吉斯共和国、乌兹别克斯坦	新铁道	拟议中		2018/02/19
23. 谢尔汗—赫拉特铁路线	Pap—塔什干 谢尔汗—昆都士—赫拉特	乌兹别克斯坦 阿富汗	新高铁 新铁道	建设中	铁尔米兹延长线2012年投入运营，预计2019年3月竣工	2018/11/07

续表

项目序号	改善路段	国家	改善类型	状况	详细情况	状态日期
24. 撒马尔罕—哈巴德铁路线	撒马尔罕—阿什哈巴德—马什哈德	乌兹别克斯坦、土库曼斯坦、伊朗	铁路升级	运营中		2018/06/01
25. 喀什—杜尚别铁道线	喀什—杜尚别	中国、吉尔吉斯坦、塔吉克斯坦	新铁路	拟议中		2017/09/01
26. 北—南备用公路线	贾拉拉巴德—图亚述	吉尔吉斯共和国	公路重建	建设中		2018/05/01
27. 杜尚别—阿富汗铁路线	杜尚别—科尔霍扎巴德	塔吉克斯坦	铁路升级	拟议中		2018/08/23
28. 巴库港	阿克陶—巴库	哈萨克斯坦	新海运线	运营中	巴库、阿克陶和土库曼巴希港，运营中	2018/07/05
	土库曼巴希—巴库	土库曼斯坦	新海运线	运营中		
29. 巴库—第比利斯铁路线	巴库—占贾—第比利斯	阿塞拜疆、格鲁吉亚	铁路升级	运营中	2017年10月启动。尽管其规划始于2007年，该线几次被延迟	2018/10/30
30. 第比利斯—卡尔斯铁路线	第比利斯—卡尔斯	格鲁吉亚、土耳其	新铁路	运营中	2017年10月启动	2018/05/28

续表

项目序号	改善路段	国家	改善类型	状况	详细情况	状态日期
31. 阿纳克利亚港	阿纳克利亚港	格鲁吉亚	新港口	运营中		2018/07/28
	阿纳克利亚—伊斯坦布尔	格鲁吉亚、土耳其	新高铁			
	阿纳克利亚	格鲁吉亚	新海运线			
32. 阿姆巴利港	伊斯坦布尔	土耳其	新港口与新海运线	运营中		2018/04/21
33. 比雷埃夫斯港	雅典	希腊	主要港口扩建	运营中		2018/02/27
34. 叶尔羌公路	塔什库尔干—叶尔羌	中国	新公路	拟议中		2017/06/25
	雷科特—辛基亚里	巴基斯坦	新公路		中国—巴基斯坦高速公路重建进行中，预计2019年竣工。高速公路沿着历史上的贸易路线展开。昆杰布山口是中国与巴基斯坦之间唯一的连结点，此前巴基斯坦路段被洪水冲毁后的升级是在一带一路倡议范围之外展开的工作	
35. 卡拉昆仑公路	辛基亚里—布尔汗	巴基斯坦	公路升级	建设中		2018/10/19
	喀什—昆杰布拉布	中国	公路重建			
36. 中国—巴基斯坦铁路线	喀什—昆杰布拉布—塔克西拉	中国、巴基斯坦	新铁路	拟议中	可行性研究在规划中	2018/11/07

续表

项目序号	改善路段	国家	改善类型	状况	详细情况	状态日期
37. 赫韦利扬—海得拉巴交通容量扩张（ML-1）	赫韦利扬—拉尔卡纳—海得拉巴	巴基斯坦	铁路升级	建设中	巴基斯坦铁路 ML-1 的升级开始于 2018 年，预计该项目的两个阶段将于 2021 年竣工	2018/03/21
38. 卡拉奇—白沙瓦交通容量扩张	卡拉奇—白沙瓦—奎达—瓜达尔	巴基斯坦	铁路升级	规划中	该铁路线连接巴基斯坦所有的大城市，是巴基斯坦的交通干线	2018/10/02
39. 瓜达尔铁路	科特拉寨穆—奎达—瓜达尔	巴基斯坦	新铁路	规划中	可行性报告刚完成，等待中国和巴基斯坦两国政府审批	2018/04/02
40. 瓜达尔铁路通道替代方案	瓜达尔—卡拉奇	巴基斯坦	新铁路	拟议中	截至 2018 年年底无具体方案，但在讨论中屡屡提及	2018/10/30
41. 贝西玛—雅各布阿巴德铁路	贝西玛—雅各布阿巴德	巴基斯坦	新铁路	规划中	处于最后审批阶段，预计 2023 年竣工	2018/03/27
42. M3/M4 木尔坦高速公路	M2/M3 桥—费萨尔巴德—木尔坦	巴基斯坦	新公路	运营中	2018 年 5 月启动，目前在使用中	2018/05/27

续表

项目序号	改善路段	国家	改善类型	状况	详细情况	状态日期
43. 拉哈尔—阿卜尔—哈基姆公路升级	拉哈尔—阿卜尔—哈基姆	巴基斯坦	公路升级	运营中	到2018年10月，所有的升级改造竣工，该高速公路已经做好了投入使用的准备	2018/11/09
44. 木尔坦—苏库尔	木尔坦—苏库尔	巴基斯坦	公路升级	建设中	这条双向6车道公路的第一段于2018年启动，目前在运营中，其余路段在建设中，预计2019年竣工	2018/09/17
45. 瓜达尔—苏拉布公路	瓜达尔—旁吉古尔—苏拉布	巴基斯坦	新公路	运营中		2017/09/10
46. 苏拉布—奎达—迪汗公路	苏拉布—奎达—迪汗	巴基斯坦	公路重建	运营中	2017年启动，目前已投入使用	2017/11/26
47. M8苏库尔—贝西玛公路	苏库尔—沙达科特—贝西玛	巴基斯坦	新公路	运营中	2018年年初竣工	2018/04/09
48. 沙达科特—迪汗公路	沙达科特—迪汗	巴基斯坦	新公路	规划中		2018/11/25
49. 昆明—加尔各答高速铁路线	昆明—曼德勒—吉大港—达卡—加尔各答	孟加拉国、中国、印度、缅甸	新高速铁路	拟议中		2018/09/13

续表

项目序号	改善路段	国家	改善类型	状况	详细情况	状态日期
50. 大理—腾冲铁路	大理—瑞丽—腾冲	中国、缅甸	新铁路	建设中	2011年开始建设，预期2021年竣工	2018/09/26
51. 卡莱—吉里巴姆铁路线	卡莱—塔姆—吉里巴姆	缅甸、印度	新铁路	建设中		2015/05/18
52. 达卡—本冈铁路线	达卡—本冈	孟加拉国、印度	新铁路	拟议中		2018/09/05
53. 皎漂港	皎漂—安纳	缅甸	新铁路	规划中	2018年11月8日缅甸与中国达成协议，将项目规模从100亿美元缩小为13亿美元，从10个泊位减少为2个泊位	2018/11/08
	皎漂—曼德勒	缅甸	公路升级			
	皎漂	缅甸	新海港			
54. 昆明—万象铁路线	昆明—万象	中国、老挝	新铁路	建设中	工程已完成近25%，预计2021年竣工。中国的昆明—河口路段已投入运营，轨道加宽增加了货运容量	2018/07/22
55. 曼谷—万象铁路线	曼谷—万象	泰国、老挝	新铁路	建设中	建设中，预计连接中国与越南、老挝和缅甸的工程2021年竣工	2018/02/11
56. 东海岸铁路连线	吉隆坡—哥打巴鲁	马来西亚	新高铁	取缔或延迟	2017年8月开始建设。2018年7月3日马来西亚政府通知中国交通建设集团有限公司暂停所有工作，2019年4月12日马来西亚经过谈判将成本降低1/3表示可以恢复建设	2018/09/13 2018/11/04 2019/04/12

续表

项目序号	改善路段	国家	改善类型	状况	详细情况	状态日期
57. 金马士—新柔佛铁路升级	金马士—柔佛巴鲁	马来西亚	铁路升级	建设中	马来西亚交通部报告升级已完成20%，预计2022年全部完成	2018/07/30
58. 曼谷—吉隆坡高速铁路	曼谷—巴东勿刹—吉隆坡	泰国、马来西亚	铁路升级	拟议高铁		2018/11/07
59. 吉隆坡—新加坡高速铁路	吉隆坡—芙蓉—新加坡	马来西亚、新加坡	新高铁	取缔或延迟	根据马来西亚的要求2018年9月5日项目正式暂停。新加坡官员声称项目最迟将于2020年5月31日恢复建设	2018/09/07
60. 越南国家高速铁路	河内—胡志明市	越南	铁路升级	拟议中	2007年开始规划，2010年暂停，目前正在重新考虑	2018/04/08
61. 越南—柬埔寨铁路	金边—胡志明市	柬埔寨、越南	新铁路	拟议中	仍处在讨论阶段，尽管曼谷—金边的铁路跨境建设已经开始	2018/02/15
62. 缅甸铁路	南多—丹彪扎亚	泰国、缅甸	新铁路	规划中		2018/06/28
63. 西哈努克港	金边—西哈努克港	柬埔寨	新公路支线	建设中	柬埔寨唯一的深水港，规划建设配套的经济特区	2018/09/12
	金边—西哈努克港	柬埔寨	新铁路			
	西哈努克港	柬埔寨	新海港			
64. 泰国运河	沙敦—宋卡	泰国	新海道	拟议	也被称为"克拉运河"，将是替代马六甲海峡的替代选择	2019/04/06

(2) 港口

项目序号	国家	类型	状况	详情	状况日期
65. 瓜达尔港	巴基斯坦	新海港	运营中		2018/04/02
66. 杜克姆港	阿曼	新海港	计划中		2018/06/04
67. 汉班托塔港	斯里兰卡	新海港	运营中		2018/06/04
68. 科伦坡港城	斯里兰卡	新海港	建设中	在印度洋填海造地上建设，中国提供14亿美元投资，预计2020年竣工	2018/08/02
69. 皎漂港	缅甸	新海港	计划中	2018年缅甸和中国达成协议将项目规模从100亿美元缩减至13亿美元，在缅甸一中国铁路线建成后将成为马六甲海峡的替代路线	2018/11/08
70. 皇京港	马来西亚	新海港	建设中暂停	海港原定2019年竣工，截至2018年年底进行建设，管理部门的批准已正式失效，项目前景不确定	2018/07/12
71. 瓜拉灵吉港	马来西亚	新海港	计划中	既有小港口在使用中	2018/11/10
72. 槟城港	马来西亚	新海港	运营中		2018/11/14
73. 西哈努克港	柬埔寨	新海港	运营中	2018年6月启动，配套建设按照深圳模式的经济特区，被誉为"下一个澳门"	2018/06/28
74. 苏伊士经济和贸易合作区	埃及	新海港	建设中	位于苏伊士运河附近	2018/10/24
75. 尤日内港	乌克兰	新海港	运营中		2018/01/21
76. 比雷埃夫斯港	希腊	新海港	运营中		2018/02/27
77. 泰国运河	泰国	新海线	拟议		2018/04/06
78. 关丹港	马来西亚	新海港	运营中		2018/11/04

资料来源：世界银行：《"一带一路"经济学：交通走廊发展机遇与风险》，2019-06，https://openknowledge.worldbank.org/bitstream/handle/10986/31878/211392CH.pdf?sequence=8&isAllowed=y。

附表24　中国与参与"一带一路"建设国家的部分债务协定

国家	年份	金额（亿美元）	协商结果
安哥拉	2015	213	债务展期；条款重新协商
	2018	不确定	协商中
博茨瓦纳	2018	0.072	免除
柬埔寨	2016	0.9	免除
喀麦隆	2001	0.34	免除
	2007	0.32	免除
	2010	0.30	免除
	2019	0.78	免除
刚果（布）	2019	不确定	协商中
古巴	2008	不确定	展期
	2010	28	免除、展期
	2016	不确定，<30	免除
吉布提	2019	8	协商中
厄瓜多尔	2017—2018	10	条款重新协商
埃塞俄比亚	2018	33	展期
	2019	不确定	协商中
加纳	2002—2003	0.54	免除
	2007	1.26	免除
	2014—2015	15	拒绝增加贷款
哈萨克斯坦	2018	不确定	展期
莱索托	2018	0.106	免除
马尔代夫	2019	不确定	协商中
蒙古	2017	22	再融资、展期
莫桑比克	2017	0.34	免除
	2018	不确定	展期
苏丹	2017	1.6	免除
斯里兰卡	2012	3.07	条款重新协商
	2016—2018	不确定，>11	资产抵押、免除、再融资
	2019	10	再融资
汤加	2018	不确定	展期

续表

国家	年份	金额（亿美元）	协商结果
乌克兰	2014	30	展期
瓦努阿图	2016—2017	0.05	免除
委内瑞拉	2015	不确定	拒绝增加贷款
	2016	不确定	展期；条款重新协商；拒绝增加贷款
赞比亚	2017	不确定（<44）	协商中
津巴布韦	2010	0.54	展期
	2015	0.40	免除

资料来源：Rhodium Group research。

附表25　　主要国际债务解决机制

名称	内容	目标	特征	成效
贝克计划 1985.10	债务国实行紧缩财政货币政策，降低通货膨胀率，平衡国际收支；国际货币基金组织与多边开发银行共同为采取"以市场为导向"的债务国提供金融支持；以美国商业银行为主导，联合其他发达国家的商业银行在1986—1988年间为15个重债国提供200亿美元贷款，由官方机构提供90亿美元贷款	将债务国的偿债负担降到其经济增长能够承担得起的水平，并非削减发展中国家债务	注重债务国经济发展，强调债权国、债务国、国际金融机构的沟通合作；明确固定的贷款数额	存在问题较多，并未被官方采纳
密特朗计划 1988.6	由国际货币基金组织设立针对中等收入债务国的专项基金，这一基金将作为转换为债券的某些商业贷款的利息支付的保证	降低债务国应付的财务费用	为筹措这一基金，发达国家将留出新分配给它们的特别提款权供发展中国家使用	

续表

名称	内容	目标	特征	成效
布雷迪计划 1989.3	世界银行和国际货币基金组织要在促进债务国经济发展与改革中发挥重要作用；债务国应该继续实行以长期经济增长为导向的经济方针，并采取措施来鼓励外逃资本回调；商业银行既要提供新贷款，也要大幅度削减原有债务的本金和利息	在世界银行和国际货币基金组织的资金支持下，削减发展中国家尤其是19个中等收入重债国的债务负担	要求债务国进行经纪机构调整和政策改革；承认商业银行向债务国提供新贷款是必要的；区别对外不同国家的债务问题	首次将债务减免纳入政策框架，取得一定成效，但筹措资金规模有限、被削减债务国家范围较小
主权债务重组机制 2001	当一国债务不可持续时，可启动程序；债权人就债务执行中止、新融资优先、债务重组协议等进行投票；设立债权人委员会和争议解决论坛	制定债务重组法律框架，促进主权债务国家针对不可持续的主权债务进行有序重组，并同时保护资产价值和债权人的权利	建立一个关于主权债务重组的国际法律框架，因可能涉及成员国的主权让渡，需要修改《国际货币基金组织章程》	美国不支持，无限期搁置
集体行动条款（CACs）	一类为多数修改条款，允许合格债权人的多数投票决定债务合同重要财务条款，并对该合同所有债权人（无论是否同意）均具有约束力；另一类是多数执行条款，允许合格债权人的多数投票决定债务券的加速到期和提起诉讼条款，以限制或约束单个债权人在债务重组期间对债务国执行到期债权的能力	通过修改现存主权债务合同条款或在新合同中引入集体行动条款，对未来可能出现的债务重组作出规定	相对性，无法保持对所有债券和其他债权请求进行全面重组；灵活性，不涉及对主权的干预和对私权的限制	应用较为广泛，已经成为国际惯例

资料来源：何盛明：《财经大辞典》，中国财政经济出版社1990年版；李伟民：《金融大辞典》，黑龙江人民出版社2002年版；徐世澄：《美国和拉丁美洲关系史》，社会科学文献出版社2007年版。

附表26　　截至2019年巴黎俱乐部债务国构成　　单位：百万美元

国家	官方发展援助	非官方发展援助	总计
阿富汗	24	1378	1401
阿尔巴尼亚	610	10	620
阿尔及利亚	285	1	286
安哥拉	475	1187	1662
安提瓜和巴布达	4	123	127
阿根廷	336	1863	2198
亚美尼亚	649	161	810
阿塞拜疆	1001	266	1267
孟加拉国	6977	2503	9479
白俄罗斯	15	7675	7691
贝宁	27	14	40
玻利维亚	591	2	593
波黑	357	333	690
博茨瓦纳	28		28
保加利亚	154		154
布基纳法索	240	0	240
柬埔寨	1521	1396	2917
喀麦隆	1281	18	1298
佛得角	168	61	229
中非		1	1
乍得	112	1	113
智利	184		184
中国	14703	673	15377
哥伦比亚	2823	236	3060
科摩罗		3	3
刚果（金）	50	28	78
刚果	103	314	417
哥斯达黎加	316		316
科特迪瓦	338	25	363
克罗地亚	73		73

续表

国家	官方发展援助	非官方发展援助	总计
古巴	189	5022	5211
捷克		18	18
吉布提	83	8	92
多米尼克	19	7	26
多米尼加	693	11	704
厄瓜多尔	806	260	1067
埃及	7699	761	8460
萨尔瓦多	295	1	296
赤道几内亚		86	86
厄立特里亚	88		88
斯威士兰	40		40
埃塞俄比亚	538	222	760
斐济	4		4
加蓬	433	154	587
冈比亚	1	1	2
格鲁吉亚	845	51	897
加纳	897	316	1213
希腊		57732	57732
格林纳达	3	3	6
危地马拉	200		200
几内亚	38	199	237
几内亚比绍	10	64	74
圭亚那	3		3
洪都拉斯	248	2	249
匈牙利		300	300
印度	24757	2824	27581
印度尼西亚	17087	1719	18806
伊朗	22	126	148
伊拉克	4018	7763	11781
牙买加	36	3	39

续表

国家	官方发展援助	非官方发展援助	总计
约旦	2927	63	2990
哈萨克斯坦	439	24	463
肯尼亚	2606	189	2795
朝鲜	75	2124	2199
吉尔吉斯斯坦	338	23	361
老挝	491	304	795
拉脱维亚	1		1
黎巴嫩	254		254
莱索托	4		4
利比亚		4546	4546
马其顿	85		85
马达加斯加	149	53	202
马拉维	1	6	7
马来西亚	1838		1838
马尔代夫	36		36
马里	248		248
马耳他	0		0
毛里塔尼亚	118	94	212
毛里求斯	237		237
墨西哥	1653	24	1677
摩尔多瓦	83	49	132
蒙古	1416	7	1423
黑山	62	95	157
摩洛哥	5016	229	5246
莫桑比克	812	215	1027
缅甸	3370	1244	4615
纳米比亚	103		103
尼泊尔	350		350
尼加拉瓜	353	88	441
尼日尔	137		137

续表

国家	官方发展援助	非官方发展援助	总计
尼日利亚	637	7	645
阿曼		107	107
巴基斯坦	8295	1984	10279
巴拿马	155	3	158
巴布亚新几内亚	173	300	473
巴拉圭	219	28	247
秘鲁	1206	0	1207
菲律宾	7994	92	8086
波兰	3	1478	1481
罗马尼亚	438		438
卢旺达	89	52	141
圣基茨和尼维斯	2		2
圣卢西亚	2		2
圣文森特和格林纳丁斯	2		2
圣多美和普林西比	1	16	17
沙特阿拉伯		1192	1192
塞内加尔	1216	141	1358
塞尔维亚	390	1644	2035
塞舌尔	39	19	58
塞拉利昂	42		42
斯洛伐克	26		26
索马里	468	1185	1653
南非	665	122	787
斯里兰卡	4406	192	4599
苏丹	972	3021	3994
苏里南	35		35
叙利亚	989	250	1239
塔吉克斯坦	45	292	337
坦桑尼亚	975	209	1184
泰国	2917		2917

续表

国家	官方发展援助	非官方发展援助	总计
多哥	11		11
特立尼达和多巴哥		25	25
突尼斯	3225	11	3235
土耳其	3955	503	4457
土库曼斯坦	16	2810	2826
乌干达	391	95	486
乌克兰	995	3872	4867
阿联酋		57	57
乌拉圭	40	4	44
乌兹别克斯坦	2142	730	2871
瓦努阿图	76		76
委内瑞拉	66	7272	7338
越南	17935	2114	20049
也门	465	1174	1638
赞比亚	122		122
津巴布韦	1096	784	1880
其他	254	1269	1524
合计	178889	138361	317250

资料来源：Club de Paris, "THE PARIS CLUB RELEASES COMPREHENSIVE DATA ON ITS CLAIMS AS OF 31 DECEMBER 2019", 2020.6.30。

附表27　　　2008—2019年巴黎俱乐部债务国中
"一带一路"沿线国家构成　　　单位：百万美元

国家	2008	2009	2010	2011	2012	2013	2014	2015	2016	2017	2018	2019
阿富汗	941	1020	1068	984	1061	1110	1158	1205	1251	1295	1338	1401
阿尔巴尼亚	424	480	503	528	534	546	506	514	517	558	538	620
亚美尼亚	257	948	1040	1058	1018	460	407	392	467	550	605	810

续表

国家	2008	2009	2010	2011	2012	2013	2014	2015	2016	2017	2018	2019
阿塞拜疆	487	580	598	767	861	837	738	827	791	1049	1197	1267
孟加拉国	2074	2082	2223	2287	2501	2111	2114	3096	3552	5291	7462	9479
白俄罗斯	1752	3156	3085	3083	3158	3457	5135	6054	6385	7337	7541	7691
波黑	785	787	763	772	753	766	647	652	624	663	644	690
保加利亚	650	772	793	758	627	479	367	307	260	217	167	154
柬埔寨	1957	1851	1875	1900	1934	1926	1947	2279	2314	2525	2649	2917
克罗地亚	149	39	5	5	3	3	3	26	23	24	20	73
捷克	72	67	61	52	40	30	20	18	17	20	19	18
埃及	18762	18146	16811	15748	14354	12789	10422	8802	7709	7996	12504	8460
格鲁吉亚	387	419	417	423	452	492	481	483	487	519	593	897
希腊	424	335	229	65781	67293	70305	62003	55702	53737	61556	58790	57732
匈牙利	184	179	166	161	165	173	152	137	132	252	151	300
印度	18985	21361	23697	24989	23886	21232	19095	19857	21263	24037	24996	27581
印度尼西亚	36200	37901	40679	40218	35636	29297	24163	23670	22073	19625	18452	18806
伊朗	1287	1388	660	568	2057	1732	1996	2105	317	203	150	148
伊拉克	16781	9398	9700	10552	9866	9689	8633	8109	9487	11770	12066	11781
约旦	2322	2599	2694	2571	2172	1919	1699	1975	2252	2622	2572	2990
哈萨克斯坦	924	1082	1016	1066	947	749	619	754	547	520	482	463
吉尔吉斯斯坦	536	886	926	929	900	671	638	661	619	611	370	361
老挝	472	488	517	520	492	464	465	667	652	713	773	795
拉脱维亚	6	5	5	4	4	3	3	3	2	2	2	1

续表

国家	2008	2009	2010	2011	2012	2013	2014	2015	2016	2017	2018	2019
黎巴嫩	972	886	745	641	688	646	530	421	351	343	281	254
马其顿		140	164	166	153	144	118	106	100	100	91	85
马来西亚	3701	4142	4429	4250	3623	2681	2180	2082	2017	1963	1890	1838
马尔代夫	13	19	41	43	42	40	39	41	41	43	40	36
摩尔多瓦		228	159	193	173	151	144	166	161	157	146	132
蒙古	614	663	748	718	719	763	1003	1096	1091	1280	1357	1423
黑山		175	204	241	230	171	171	136	120	111	115	127	157
缅甸	3227	3363	3699	3777	3396	4811	3223	3182	3343	3779	4062	4615
尼泊尔	208	215	216	206	175	139	117	167	188	238	287	350
阿曼	1609	707	861	777	686	594	506	423	339	256	180	107
巴基斯坦	12959	13720	14303	14458	13586	12472	11152	10937	10940	11254	10791	10279
菲律宾	12723	13265	14376	15240	13045	10232	8690	8658	8605	7732	7704	8086
波兰	4569	1700	5483	5068	1596	1549	1497	1490	1487	1485	1483	1481
罗马尼亚	1068	950	815	1100	995	814	678	610	587	486	454	438
沙特阿拉伯	9	50	186	165	155	12	15	2111	2925	1465	1324	1192
塞尔维亚	2585	2419	2542	2319	2337	2603	2330	2181	2092	2152	1943	2035
斯洛伐克	95	104	105	99	83	2	50	43	40	36	31	26
斯里兰卡	4404	4930	5476	5841	5501	4760	4250	4469	4482	4649	4584	4599
叙利亚	2624	2379	2128	1913	1678	1419	1135	1150	1159	1285	1228	1239
塔吉克斯坦	321	319	319	327	333	374	339	345	342	343	340	337

续表

国家	2008	2009	2010	2011	2012	2013	2014	2015	2016	2017	2018	2019
泰国	5687	6174	6536	489	5389	4192	3748	3597	3742	3921	3406	2917
土耳其	5779	6995	6110	8927	8972	7802	7660	7306	7212	4522	4438	4457
土库曼斯坦	246	526	474	444	510	386	309	413	1991	2785	3181	2826
乌克兰	1793	1940	1641	1570	1435	1217	1437	4747	4950	4955	4554	4867
阿联酋	18	2942	2059	457	57	3	1		1210	1519	1718	57
乌兹别克斯坦	1065	1814	1823	1825	1748	1643	1630	1825	1169	1595	1899	2871
越南	8156	10850	12593	13961	14411	13483	13130	15618	17207	18933	19542	20049
也门	1748	1771	1742	1731	1680	1611	1543	1532	1552	1599	1612	1638

资料来源：http://www.clubdeparis.org/。

参考文献

《"一带一路"倡议的先行者:"蛇口模式"全球化复制》,《21世纪经济报道》,2017-12-21,https://m.21jingji.com/article/20171221/a175941abe1dd66e77970b8794f5d92f.html。

《1%债务被夸大成"中国债务陷阱"外交部连用三组数据回击》,《经济日报》2018年8月31日。

《进出口银行"一带一路"贷款余额已超万亿元》,新华网,2019-04-18,http://www.xinhuanet.com//2019-04/18/c_1124385705.htm。

《联合国贸发会议报告呼吁:实质减免债务 防止危机蔓延》,《经济日报》,2020-04-24,http://www.ce.cn/。

《如椽巨笔写华章——"一带一路"建设6年来取得丰硕成果》,《经济日报》,2019-09-10,http://paper.ce.cn/jjrb/html/2019-09/08/content_400303.htm。

《亚投行开业3年来:成员数量已从57个增至93个》,中国产业经济信息网,2019-01-16,http://www.cinic.org.cn/xw/szxw/468517.html。

《亚洲基建每年缺口1.4万亿美元亚投行欢迎各类社会资本参与》,第一财经,2018-06-26,https://www.yicai.com/news/5434661.html。

《已签约34个项目承诺投资金额约123亿美元》,中国新闻网,2019-11-04,http://www.chinanews.com/cj/2019/11-04/8998057.shtml。

彼罗·斯拉法编：《李嘉图著作和通信集（第一卷）》，郭大力、王亚南译，商务印书馆1997年版。

查振祥：《债务危机是亚洲金融危机的主要特征》，《调研世界》1999年第9期。

陈共：《财政学》（第8版），中国人民大学出版社2015年版。

大公国际资信评估有限公司：《大公国际主权信用评级方法》，2020-04-23。

郭建峰、杨治廷：《中国对外直接投资与"一带一路"沿线国家负债水平关系研究》，《江西社会科学》2019年第8期。

郭庆旺、赵志耘：《财政学》，中国人民大学出版社2002年版。

国际金融论坛（IFF）：《一带一路2019调查报告》，2019。

国家发改委：《"一带一路"五年来取得六方面成效》，中国一带一路网，2018-08-09，https://www.yidaiyilu.gov.cn/xwzx/gnxw/62327.htm。

国开行首席经济学家刘勇：《"一带一路"五年，国开行累计发放贷款1800多亿美元》，经济观察网，2018-09-15，http://www.eeo.com.cn/2018/0915/337099.shtml。

赫国胜：《赶超型国家金融体制比较》，中国金融出版社2000年版。

洪平凡：《亚洲金融危机对世界经济的影响》，《数量经济技术经济研究》1999年第1期。

金刚、沈坤荣：《中国企业对"一带一路"沿线国家的交通投资效应：发展效应还是债务陷阱》，《中国工业经济》2019年第9期。

李芳：《资本流动下的汇率安排与资本管理》，中国对外经济贸易出版社2003年版。

李刚：《国际金融危机的根源、影响及中国的对策》，《世界经济研究》2009年第9期。

李金明：《"一带一路"建设与菲律宾"大建特建"规划——对

"债务陷阱论"的反驳》,《云南社会科学》2019年第4期。

李培育:《亚洲金融危机的成因及我国面临的挑战》,《管理世界》1998年第6期。

李若谷:《正确认识发展中国家的债务可持续问题》,《世界经济与政治》2007年第4期。

李向阳:《亚洲区域经济一体化的"缺位"与"一带一路"的发展导向》,《中国社会科学》2018年第8期。

林伯强:《外债风险预警模型及中国金融安全状况评估》,《经济研究》2002年第7期。

林乐芬、潘子健:《共建"一带一路"海外利益风险与保护机制——基于"一带一路"沿线国家政府的债务可持续性分析》,《学海》2020年第2期。

刘尚希、赵全厚:《政府债务:风险状况的初步分析》,《管理世界》2002年第5期。

刘务、刘成凯:《中缅经济合作:是"债务陷阱"还是发展机遇?》,《南亚研究》2020年第2期。

刘志强:《金融危机预警指标体系研究》,《世界经济》1999年第4期。

莫亚林、徐鹏程:《东盟国家政府债务现状及风险研究》,《亚太经济》2016年第3期。

庞晓波、李丹:《中国经济景气变化与政府债务风险》,《经济研究》2015年第10期。

齐楚:《拉美国家的债务危机》,《现代国际关系》1983年第5期。

邱煜、潘攀:《"一带一路"倡议与沿线国家债务风险:效应及作用机制》,《财贸经济》2019年第12期。

塞尔索·富尔塔多:《拉丁美洲经济的发展》,上海译文出版社1981年版。

商务部:《6年时间中国与"一带一路"沿线国家货物贸易总

额超 7.8 万亿美元》，2020 – 5 – 19，http：//www.mofcom.gov.cn/article/i/jyjl/e/202005/20200502966315.shtml。

沈丽、刘媛：《全球政府债务风险的跨国主导网络结构及其解释》，《当代财经》2020 年第 4 期。

史建平、高宇：《KLR 金融危机预警模型研究——对现阶段新兴市场国家金融危机的实证检验》，《数量经济技术经济研究》2009 年第 3 期。

世界银行：《"一带一路"经济学：交通走廊发展机遇与风险》，2019 – 06，https：//openknowledge.worldbank.org/bitstream/handle/10986/31878/211392CH.pdf? sequence = 8&isAllowed = y。

斯大林：《斯大林全集》（第 13 卷），人民出版社 1956 年版。

宋颖慧、王瑟、赵亮：《"中国债务陷阱论"剖析——以斯里兰卡政府债务问题为视角》，《现代国际关系》2019 年第 6 期。

唐旭、张伟：《论建立中国金融危机预警系统》，《经济学动态》2002 年第 6 期。

外交部：《向 77 个发展中国家和地区暂停债务偿还》，人民网，2020 – 06 – 07，http：//politics.people.com.cn/n1/2020/0607/c1001 – 31737939.html。

王秋彬、李龙龙：《"中国债务陷阱论"的兴起及其实质》，《吉林大学社会科学学报》2020 年第 2 期。

王仕军、李向阳、夏炎：《巨额外汇储备四问》，《经营管理者》2007 年第 1 期。

王义桅：《西方真的关心"债务陷阱"吗》，《环球时报》2018 年 11 月 20 日。

卫兴华、桑百川：《亚洲金融危机的成因、影响和对我国的启示》，《学术月刊》1999 年第 1 期。

吴鑫凯：《俄罗斯经济危机与俄欧关系》，《国际融资》2015 年第 2 期。

熊义明、潘英丽、吴君：《发达国家政府债务削减的经验分析》,《世界经济》2013年第5期。

亚当·斯密著:《国富论》,胡长明译,人民日报出版社2009年版。

杨志勇、张馨:《财政学》,清华大学出版社2005年版。

姚枝仲:《政府债务膨胀史》,《金融评论》2017年第5期。

伊特韦尔:《新帕尔格雷夫经济学大词典》,经济科学出版社1996年版。

尤安山:《拉美债务危机:原因及对策》,《拉丁美洲研究》1986年第1期。

翟雯:《战后拉美国家外债危机的原因及其前景》,《经济问题探索》1984年第10期。

张雷宝:《财政学》,浙江人民出版社2007年版。

张礼卿:《亚洲金融危机的教训》,《国际金融研究》1998年第1期。

张森根、吴国平:《当前拉丁美洲经济恶化的根源及展望》,《拉丁美洲丛刊》1984年第1期。

张宇燕:《中国对外开放的理念、进程与逻辑》,《中国社会科学》2018年第11期。

中华人民共和国国家统计局:《1998年国民经济和社会发展统计公报》,1999年。

钟飞腾、张帅:《地区竞争、选举政治与"一带一路"债务可持续性——剖析所谓"债务陷阱外交"论》,《外交评论(外交学院学报)》2020年第1期。

周明伟:《东南亚国家经济的两次衰退与复苏》,《当代亚太》2003年第8期。

朱柏铭:《公共经济学》,浙江大学出版社2002年版。

Asian Development Bank, "Meeting Asia's Infrastructure Needs", February, 2017.

Bhadrakumar, M. K., "India isolated by One Belt One Road Initiative", https://www.globalvillagespace.com/india-isolated-by-one-belt-one-road-initiative, December 27, 2007.

Brown, R. P. C., "The IMF and Paris Club Debt Rescheduling: A Conflicting Role?", *Journal of International Development*, 2010, 4, pp. 291-313.

C. M. Reinhart, K. S. Rogoff, "The Forgotten History of Domestic Debt", *The Economic Journal*, 2011, 121, pp. 319-350.

C. M. Reinhart, K. S. Rogoff, "From Financial Crash to Debt Crisis", *American Economic Review*, 2010, 101, pp. 1076-1706.

C. M. Reinhart, M. B. Sbrancia, "The Liquidation of Government Debt", *Economic Policy*, 2015, 30, pp. 291-333.

"Cambodia PM Dismisses Fears of Chinese Debt Trap", The STAR, May 30, 2019.

Centra Bank of Sri Lanka, https://www.cbsl.gov.lk/.

Chaudhury, D. R., "Chinese Loans may Put Bangladesh in Debt Trap", *The Economic Times*, June 14, 2017.

Chellaney, B., "China's Creditor Imperialism", Project Syndicate, December 20, 2017.

Chellaney, B., "China's Debt Trap Diplomacy", Project Syndicate, 2017, https://www.project-syndicate.org/commentary/china-one-belt-one-road-loans-debt-by-brahma-chellaney-2017-01.

D. Kliman, A. Grace, "Power Play Addressing China's Belt and Road Strategy", Center for a New American Security, 2018.

Economist Intelligence Unit, "Country Report: India, Pakistan, Sri Lanka, Bangeladesh", December 11, 2018.

F. M. M. R. De Soyres, A. Mulabdic, M. Ruta, "Common Transport Infrastructure: A Quantitative Model and Estimates from the Belt and Road Initiative", Policy Research Working Paper Series, 2019.

FitchRatings, "Sovereign Rating Criteria", 2020.

G. A. Calvo, E. G. Mendoza, "Mexico's Balance – of – payments Crisis: A Chronicle of a Death Foretold", *Journal of International Economics*, 1996, 41, pp. 235 – 264.

G. J. Hall, T. J. Sargent, "Interest Rate Risk and Other Determinants of Post – WWII US Government Debt/GDP Dynamics", *American Economic Journal: Macroeconomics*, 2011, 3, pp. 192 – 214.

G. L. Kaminsky, C. M. Reinhart, "The Twin Crises: The Causes of Banking and Balance – of – Payments Problems", *International Finance Discussion Papers*, 1999, 89, pp. 473 – 500.

H. L. Cole, P. J. Kehoe, "Models of Sovereign Debt: Partial Versus General Reputations", *International Economic Review*, 1998, 39, pp. 55 – 70.

Hansen, A. H., "Mr. Keynes on Underemployment Equilibrium", *Journal of Political Economy*, 1936, 44, pp. 667 – 686.

J. Aizenman, N. Marion, "Using Inflation to Erode the US Public Debt", *Journal of Macroeconomics*, 2011, 33, pp. 524 – 541.

J. Hurley, S. Morris, G. Portelance, "Examining the Debt Implications of the Belt and Road Initiative from a Policy Perspective", Center for Global Development, 2018.

Keynes, J. M., *The General Theory of Employment, Interest and Money*, London: Macmillan, 1936.

Klan, A., "Pacific Nations Drowning in Chinese Debt", *The Australia*, January 28, 2018.

Lerner, A. R., *The Economics of Control: Principles of Welfare Economics*, London: Macmillan, 1944.

M. Chen, C. Lin, "Foreign Investment across the Belt and Road: Patterns, Determinants and Effects", Policy Research Working Paper 8607, World Bank, Washington, DC, 2018.

M. Gómez – Puig, S. Sosvilla – Rivero, "The Causal Relationship between Debt and Growth in EMU Countries", *Journal of Policy Modeling*, 2015, 37, pp. 974 - 989.

M. Maliszewska, D. van der Mensbrugghe, "The Belt and Road Initiative: Macro and Sectoral Impacts", Policy Research Working Paper WPS 8814, World Bank, Washington, DC, 2019.

Mardell, J., "China's Belt and Road Partners aren't Fools", Foreign Policy, 2019.

Maria, A., "How China Got Sri Lanka to Cough up a Port?", *The New York Times*, June 25, 2018.

Mill, J. S., *Principles of Political Economy*, NJ: Augustus M. Kelley, Fairfield, 1848.

Moody's Inverstor Servive, "Rating Methodology", 2019.

N. Roubini, X. Sala - I - Martin, "A Growth Model of Inflation, Tax Evasion, and Financial Repression", *New Haven Connecticut Yale University Economic Growth Center Apr*, 1992, 35, pp: 275 - 301.

P. Manasse, N. Roubini, A. Schimmelpfenning, "Predicting Sovereign Debt Crises", *Social Science Electronic Publishing*, 2003, 2, pp. 192 - 205.

Parashar, S., "China FTA Undermines Maldives' Sovereignty, Bad for Region: Former Prez Nasheed", *The Times of India*, December 3, 2017.

Pence, M., "Remarks by Vice President Pence at the 2018 APEC CEO Summit", November 16, 2018.

Pence, M., "Remarks by Vice President Pence on the Administration's Policy toward China", The Hudson Institute, October 4, 2018.

Pomfret, J., "China's Debt Traps around the World are a Trademark of Its Imperialist Ambitions", August 8, 2018.

Reinhart, C. M., Rogoff, K. S., "Growth in a Time of Debt", *American Economic Review*, 2010, 100, pp. 573 - 578.

Ricardo, D., *The Works and Correspondence of David Ricardo*, Cambridge University Press, 1951.

Riley, S. P., "The Politics of Global Debt", Palgrave Macmillan UK, 1993.

S. M. A. Abbas, B. Akitoby, J. R. Andritzky, H. Bergen, T. Komatsuzaki, J. Tyson, "Dealing with High Debt in an Era of Low Growth", Staff Discussion Notes No. 7, 2013.

S. Parker, G. Chefitz, "bebtbook Diplomacy", HARVARD Kennedy School, 2018.

S. Radelet, J. D. Sachs, "The East Asian Financial Crisis: Diagnosis, Remedies, Prospects", Brooking Papers on Economic Activity, 1998, 1, pp. 1-90.

"Senators Signal Concerns over China's Global Investment", *The Wall Street Journal*, August 6, 2018.

Standard & Poor's, "Sovereign Government Rating Methodology and Assumptions", RatingsDirect, 2013.

The White House, "National Security Strategy of the United States of America", https://www.whitehouse.gov/wp-content/uploads/2017/12/NSS-Final-12-18-2017-0905.pdf, December 2017.

Tillerson, "China 'Predatory' for Dumping 'Enormous Levels of Debt' on Developing Nations", October 19, 2017.

Toktomushev, K., "The Belt and Road Initiative: The March of White Elephants?", CHINA US Focus, February 22, 2019.

UNCTAD, "World Investment Report 2014", UNITED NATIONS PUBLICATION 2014.

World Bank, "Private Participation in Infrastructure 2019 Annuak Report", 2020, https://ppi.worldbank.org/en/ppi.